Was macht
Eltern
stark
und **Kinder**
glücklich?

Gerda Hoffmann

Impressum

Das Werk ist einschließlich aller seiner Teile urheberrechtlich geschützt.
Jede Verwertung, auch auszugsweise, ist ohne Zustimmung der Autorin
unzulässig.

Copyright Gerda Hoffmann, Berlin 2011

Alle Angaben in diesem Buch erfolgen trotz sorgfältiger Bearbeitung
ohne Gewähr.

Text: Gerda Hoffmann, Berlin
Lektorat: Hilke Bemm, Affing
Cover, Innengestaltung und Satz: Erwin Hoffmann, Schlangen

Herstellung und Verlag: Books on Demand GmbH, Norderstedt
ISBN 978-3-8423-6769-2

Inhalt

Vorwort

Die langjährige Leiterin unserer KITA in der ev. Kirchengemeinde St. Nikolai Berlin-Spandau, Frau Gerda Hoffmann, hat basierend auf ihren Erfahrungen in ihrer Berufszeit versucht, Eltern einen Leitfaden für den Alltag ihrer Kinder zu geben. Der Versuch ist gelungen.

Reichhaltiges Material und Beispiele aus der Praxis vermitteln Möglichkeiten, Konflikte zu lösen beziehungsweise wahrzunehmen.

Alphabetisch geordnet, geben bereits Stichworte Hinweise auf die Inhalte, sodass Informationen sehr schnell helfen, zu klären: »Wofür stehen wir in unserem Leben?«

Hoffentlich werden diese Elternimpulse »Was macht Eltern stark und Kinder glücklich?« recht bald Pflichtlektüre für Erwachsene (bes. für Eltern, Lehrer, Erzieher) in KITAS und Schulen.

So sei mir gestattet, davon zu träumen, dass nach dieser Lektüre die Eltern fröhlich den neuen Tag begrüßen und sich mit Antoine de Saint-Exupéry aus dem Kleinen Prinz erinnern, »dass alle großen Leute auch einmal Kinder gewesen sind (aber nur wenige erinnern sich daran)«.

Lona Kutzer-Laurien
Pfarrerin i. R.

Einleitung

»Von nichts kommt nichts!« Dieser Spruch trifft auf alle Bereiche unseres Lebens zu: Auf unseren Berufsalltag, unsere Familie, unsere Beziehung zu Freunden und auch auf die Beziehung zu unseren Kindern. Ob wir Erfolg haben und trotz aller Probleme ein glückliches Leben führen, liegt weitgehend daran, wie wir mit uns und mit anderen Menschen umgehen.

Denn das, was wir über die Welt denken, beeinflusst unsere Gefühle. Und unsere Stimmungen und Gefühle übertragen sich auf andere, auch wenn uns das nicht immer bewusst ist. Doch wie schaffen wir es, ein bisschen gelassener durchs Leben zu gehen und unser Glück selbst in die Hand zu nehmen?

Ich möchte hier nicht für eine »heile Welt« werben. Die gibt es nicht. Es gibt keinen Menschen ohne Probleme, ohne Ängste, ohne Sorgen. Und wenn wir ein Problem aus dem Weg geräumt haben, liegt meist schon das nächste vor uns. Wichtig ist, wie wir mit Problemen und Herausforderungen umgehen und wie wir es schaffen, sie leichter zu bewältigen.

Niemand ist perfekt – Gott sei Dank! Es gibt »Naturtalente«, die im Umgang mit anderen Menschen und auch mit Kindern auf ihre Intuition vertrauen und »aus dem Bauch heraus« handeln. Doch die meisten von uns schlagen sich viel zu lange mit Beziehungs- und Erziehungsgeschichten herum, überlegen, was sie besser machen könnten, finden aber einfach nicht den richtigen Weg.

Dieses etwas andere ABC will Ihnen Anregungen geben, Ihren Alltag zu überdenken und achtsamer mit sich selbst und mit Ihren Kindern umzugehen. Vielleicht finden Sie die eine oder andere Möglichkeit, wie Sie sich das Leben leichter machen können. Dabei werden Sie vergeblich nach fertigen Rezepten suchen. Die gibt es nicht, denn jeder Mensch ist einzigartig und einmalig. Ihnen Werkzeug an die Hand zu geben, damit Sie sich selbst, Ihre Kinder und vielleicht auch andere Menschen besser verstehen können, das ist mein Ziel. Wichtig ist: Lassen Sie sich Zeit! Versuchen Sie das, was Ihnen wichtig ist, im Alltag Schritt für Schritt umzusetzen.

Sie können dieses Buch von Anfang an bis zum Ende durchlesen. Sie können sich aber auch bestimmte Begriffe heraussuchen, über die Sie gerade etwas erfahren möchten.

Und denken Sie daran: Es ist wie beim Billardspielen. Wenn Sie eine Kugel anstoßen, können Sie damit auch andere Kugeln in Bewegung setzen. Wenn Sie Ihr Verhalten nur in einem Punkt ändern, wird sich vieles automatisch mit verändern.

Probieren Sie es aus!

Ich wünsche mir, dass es Ihnen und Ihren Kindern immer besser geht.

Viel Spaß beim Lesen!

Achtsamkeit – weil das Leben wertvoll ist

Wir gehen nicht immer achtsam mit uns selbst um. Oft genug achten wir nicht auf unsere Gesundheit, auf unsere Bedürfnisse – darauf, dass es uns gut geht. Und es gelingt uns auch nicht immer, mit anderen achtsam umzugehen, ihnen mit Achtung zu begegnen und auf sie zu achten.

Achtsam zu sein, ist keine leichte Aufgabe. Zumal wir es gewohnt sind, uns selbst nicht so wichtig zu nehmen. Und wie sollen wir die Bedürfnisse, die Fehler, die Eigenarten anderer Menschen respektieren, wenn wir uns selbst nicht so annehmen, wie wir sind? Sie haben sich ein Kind gewünscht, Sie lieben es – aber manchmal treibt es Sie zur Verzweiflung, weil es sich einfach nicht so verhält, wie Sie es gerne möchten. Was können Sie tun? Vielleicht helfen Ihnen die nächsten Punkte weiter.

Aufmerksamkeit macht vieles leichter

Kinder brauchen unsere ganze Aufmerksamkeit, vor allem, wenn sie noch sehr klein sind. Es gibt Eltern, die erkennen am Schreien ihres Kindes, ob es Hunger hat, nass ist oder einfach nur nach Zuwendung verlangt. Das geht nicht von heute auf morgen. Man muss schon aufmerksam hinhören und hinsehen, um mit der Zeit die Signale richtig deuten zu können.

Aufmerksamkeit lässt sich trainieren, doch dafür braucht es Zeit und Ruhe. Und die fehlt uns häufig. Trotzdem können wir mit dem Training anfangen. Wir können versuchen zu hören, was die Stimme zum Ausdruck bringt, und überlegen, welche Gefühle das Gesicht widerspiegelt. Körpersprache ist die älteste Verständigungsart seit Menschenbeginn. Es ist die Sprache, die kleine Kinder unbewusst verstehen. Das hat etwas mit den Spiegelneuronen in unserem Gehirn zu tun. Diese Nervenzellen sind ein »Schnellerkennungssystem«, das uns hilft, uns in andere Menschen hineinzuversetzen. Sie spiegeln in uns selbst das, was wir bei anderen sehen. Deshalb ist Gähnen so ansteckend, und wir zucken zusammen, wenn sich jemand verletzt.

Kinder beobachten uns aufmerksam. Wenn wir lächeln, lächeln sie zurück. Sie merken an unserer Reaktion, wie wir »drauf sind« und reagieren entsprechend.

Anzahl und Aktivität der Spiegelneuronen sind nicht bei jedem Menschen gleich. Und auf Stress reagiert dieses »Schnellerkennungssystem« sehr empfindlich. Das bedeutet: Wir können uns dann nicht mehr so gut in andere hineinfühlen. Eine spannende Geschichte, wenn man sich damit beschäftigt.

Beobachten Sie die Menschen! Wie gehen sie? Aufrecht, dynamisch oder lassen sie Kopf und Schultern hängen? Welche Gefühle spiegeln sich in ihrem Gesicht? Freude, Trauer, Wut, Neugierde, Angst? Was sagt der Klang ihrer Stimme? Probieren Sie es aus, es wird Ihnen im Umgang mit anderen Menschen immer mehr helfen!

Machen Sie es sich zur Gewohnheit, die Menschen zu beobachten, und überlegen Sie, was sie mit ihrem Körper, mit ihrer Mimik und mit ihrer Stimme ausdrücken könnten.

Anerkennung tut gut

Wie geht es Ihnen, wenn Sie kritisiert werden? Hören Sie sich alles ruhig an oder werden Sie wütend und machen innerlich zu? Jeder Mensch braucht Anerkennung. Und Kritik schmeckt uns allen nicht. Nur wenige Menschen können mit Kritik gut umgehen und sich selbst so annehmen, wie sie sind. Das heißt, sie wissen, dass sie nicht perfekt sind und können zu ihren Fehlern stehen.

Im Allgemeinen richten wir unsere Aufmerksamkeit viel zu stark auf Fehler – auf das, was nicht gut läuft. Und darüber vergessen wir oft die guten Seiten des Lebens. Auch die guten Seiten unserer Arbeitskollegen, unseres Partners und unserer Kinder. Wir übersehen diese kleinen Glücksmomente, weil sie für uns schon selbstverständlich geworden sind. Dabei sind es meist die einfachen Dinge, die uns glücklich machen und über die wir uns freuen.

Bitte nehmen Sie sich spontan ein paar Minuten Zeit und schreiben Sie auf, was Sie an Ihrem Kind lieben, welche Fähigkeiten und Eigenarten Sie schätzen. Das Gleiche können Sie auch mit Ihrem Partner oder mit anderen Menschen tun. Das könnte z. B. so aussehen:

Ich freue mich, wenn mein Kind (mein Partner)
→   mich anlächelt
→   mir zuhört
→   zärtlich zu mir ist
→   mir etwas erzählt ...

Nehmen Sie jetzt ein Blatt Papier zur Hand und schreiben Sie eine lange Liste!

Aggressivität und Autorität sind nicht nur negativ

Aggressivität

Auch wenn wir es nicht wahrhaben wollen: Aggressivität gehört zu unserem Leben. Sie hat seit Urzeiten unser Überleben gesichert. Oder sind Sie nie angriffslustig und lassen sich alles gefallen? Unterdrückte Aggressivität hat manchmal schlimme Auswirkungen, wenn plötzlich das Fass überläuft! Wichtig ist, dass wir lernen, mit unseren Aggressionen umzugehen, ohne uns oder anderen damit zu schaden. Mehr dazu beim Thema »Gefühle«.

Autorität

Haben Sie Autorität? Sagen Sie klar, was Sie denken und wünschen, und hört man auf Sie – meistens jedenfalls? Ein Mensch, der Autorität besitzt, weiß, was er will. Er kann Menschen führen, ohne sie zu unterdrücken. Er gesteht auch anderen Freiräume zu.

Ein autoritärer Mensch dagegen lässt dem anderen keine Luft zum Atmen. Er setzt seinen Willen durch, auch wenn er sich und anderen Menschen damit schadet.

Kinder brauchen Führung und Orientierung. Sie brauchen »richtige Menschen«, wie es der dänische Familientherapeut Jesper Juul ausdrückt. Menschen, die wissen, was sie wollen, und sich nicht verbiegen. Menschen, die Sicherheit ausstrahlen. Das gibt auch Kindern Sicherheit. Wie viel Sicherheit strahlen Sie aus?

Erfüllte Bedürfnisse machen zufrieden

Wir alle haben unterschiedliche Bedürfnisse. Das Problem dabei ist, dass wir unsere wahren Bedürfnisse oft gar nicht mehr kennen. Das fängt schon bei den Grundbedürfnissen an, die unser Überleben sichern. Jeder braucht Nahrung, aber die Geschmäcker sind hier ganz verschieden. Jeder braucht Schlaf, aber nicht jeder gleich viel. Und auch in der Sexualität gibt es die unterschiedlichsten Vorlieben.

Kennen Sie Ihre Bedürfnisse? Wissen Sie, was Ihnen guttut? Und wie gehen Sie damit um, wenn unterschiedliche Bedürfnisse aufeinanderprallen?

Außerdem braucht jeder Mensch Zuwendung, Zärtlichkeit und Anerkennung. Er braucht ein gewisses Maß an Sicherheit – und er braucht etwas, das ihm Spaß macht und wodurch er sich weiterentwickeln kann. Und wir alle sind soziale Wesen und können uns nur in Beziehungen zu anderen voll entfalten. Doch gerade das macht das Leben manchmal schwierig.

Wenn unsere Bedürfnisse nicht erfüllt werden, dann leidet auch die Seele. Unerfüllte Bedürfnisse können uns aggressiv oder depressiv, frustriert oder erschöpft werden lassen. Auf Kinder trifft das noch viel stärker zu. *Wer nicht mehr genießen kann, wird ungenießbar.* Achten Sie deshalb auf Ihre Bedürfnisse und versuchen Sie, auch hier die Balance zu halten – zwischen Ihren Bedürfnissen und denen Ihrer Mitmenschen. Denn nur, wenn es Ihnen gut geht, profitieren auch andere davon, besonders Ihre Kinder!

Nehmen Sie sich Zeit und verschaffen Sie sich Klarheit darüber, was Ihnen wichtig ist und was Ihnen guttut. Machen Sie eine Liste mit Ihren Bedürfnissen und denen der Menschen, die Sie lieben.

Fragen Sie sich und die anderen, ob diese Bedürfnisse erfüllt werden und wenn nicht, wie Sie das ändern können!

Durch Beobachtung lernen

Wir können viel von anderen Menschen lernen – und das im ganz normalen Alltag. Im Kaufhaus habe ich einmal beobachtet, wie eine junge Mutter versuchte, ihr Kind zum Weitergehen zu bewegen. Der Junge rührte sich nicht von der Stelle – er quengelte, und jede Aufforderung prallte an ihm ab. Ich war gespannt, wie die Sache ausgehen würde. Plötzlich ging die Mutter in die Knie, sah ihr Kind an und reichte ihm die Hand. *Sie begegnete ihm »auf Augenhöhe«.* Es waren nicht mehr viele Worte nötig, und das Problem war gelöst. Seitdem gehe ich oft automatisch in die Hocke, wenn ich mit kleinen Kindern rede.

Es ist spannend, andere Menschen wertfrei zu beobachten. Einfach zu schauen, wie sie reagieren, und zu überlegen, wie ich reagieren würde. Ich bin davon überzeugt, dass wir viele Tipps und Anregungen bekommen, wenn wir mit wachen Augen durch die Welt gehen.

Bewegung ins Spiel bringen

Bewegung gehört zu unserem Leben, genauso wie das Atmen. »Wer rastet, der rostet«, heißt ein altes Sprichwort und das bezieht sich nicht nur auf unseren Körper, sondern auch auf unseren Geist. Bewegung macht uns belastbarer, gibt uns Energie und versorgt unseren Körper und unser Gehirn mit Sauerstoff. Deshalb ist Bewegung die beste Voraussetzung für erfolgreiches, lebenslanges Lernen.

Wir müssen uns nicht gleich im Sportclub anmelden, wenn wir mehr Bewegung in unser Leben bringen möchten. Öfter mal laufen, statt mit dem Auto zu fahren. Treppen steigen, ein Waldausflug mit der Familie, tanzen – es sind die einfachen Dinge, die uns guttun.

Bleiben Sie in Bewegung und achten Sie darauf, dass auch Ihre Kinder genügend Möglichkeiten haben, sich täglich zu bewegen!

Fragen Sie sich, wann und wo Ihr Kind in Bewegung kommt, und schreiben Sie es auf!

Die Balance halten

Die Balance zu halten – zwischen Arbeit und Familie, zwischen Ruhe und Aktivität, zwischen Spannung und Entspannung, ist keine einfache Sache. Doch wenn wir es nicht immer wieder versuchen, geraten wir aus dem Gleichgewicht und werden krank. Wir wissen genau, wir brauchen genügend Schlaf und ausreichend Bewegung. Wir brauchen eine gesunde Ernährung und wir brauchen immer wieder Zeit für uns selbst. Das in unserer hektischen Gesellschaft zu schaffen, ist eine Kunst. Trotzdem: Wir können immer wieder innehalten und an uns arbeiten. *Bleiben Sie in Balance!*

Charisma kann die Welt verändern

Wer Charisma hat, strahlt etwas Besonderes aus. Kleine Kinder haben noch ungeheuer viel Charisma. Können Sie einem strahlenden Kinderlächeln widerstehen, einem Kind, das Sie mit großen Augen um etwas bittet? Kinder sind authentisch – zumindest so lange sie noch klein sind. Sie sagen frei heraus, was sie denken, und machen aus ihrem Herzen keine Mördergrube. Doch irgendwann lassen sie sich verbiegen, machen sich krumm und werden zugeschüttet mit Verboten, Drohungen und schmerzlichen Erfahrungen. Und ihr Charisma schwindet dahin. »So ist das Leben nun einmal«, könnten Sie jetzt sagen. Aber muss das Leben wirklich so sein?

Was wäre, wenn Sie Ihr Charisma wieder zum Leben erwecken oder verstärken würden? Sicher ist, auch ein charismatischer Mensch wird nicht immer und nicht von jedem geliebt. Doch ich glaube, dass er seine Ziele schneller und müheloser erreicht. Wir wollen oft mit dem Kopf durch die Wand und erreichen damit gar nichts – weder bei unserem Partner, noch bei unseren Kindern. Und auch nicht im Beruf. Wir holen uns höchstens schmerzhafte Beulen! Geht es auch anders?

Wir sollten öfter versuchen, uns »weich« durchzusetzen. Das bedeutet nicht, dass wir uns alles gefallen lassen. Wir sollen und dürfen zu unseren Bedürfnissen und Wünschen stehen. Wir sollten nur lernen, mit uns und mit anderen Menschen entspannter umzugehen, damit wir – in jeder Beziehung – glücklicher werden!

Sie möchten wissen, wie Sie Ihr Charisma trainieren können? Nur eine von vielen Möglichkeiten möchte ich Ihnen vorstellen, dazu noch eine ganz einfache: Lächeln Sie – nicht immer, aber immer öfter! »Lächle fünf Mal am Tag einem Menschen zu, dem du gar nicht zulächeln wolltest.« Dieser Ausspruch stammt von Mutter Teresa, einer wirklich bewundernswerten Frau. Ohne ihr Charisma hätte sie nicht so viele Spenden sammeln und damit vielen Menschen helfen können.

Ein Lächeln wärmt das Herz, auch das eigene. Haben Sie schon einmal gespürt, wie gut es tut, wenn ein fremder Mensch Sie plötzlich anlächelt? Vielleicht die Verkäuferin im Supermarkt oder jemand, der Ihnen auf der Straße begegnet? Wahrscheinlich lächeln Sie automatisch zurück und vergessen zumindest für einen kleinen Moment Ihre Sorgen und Ängste.

Ein Lächeln kann man weder kaufen, noch erbitten, noch stehlen. Und niemand braucht es so nötig wie der, der für andere keins mehr übrig hat. Es bekommt erst dann einen Wert, wenn es verschenkt wird.

Verschenken Sie öfter ein Lächeln, es kostet nichts und ist trotzdem kostbar!

Computer und Co.

Kleine Scherzfrage: »Haben Computer Charisma? Natürlich – sie strahlen ja etwas aus.« Aber Spaß beiseite. Computer haben eine mächtige Anziehungskraft. Für die einen sind es die Spiele, die faszinieren, für die anderen das Internet. Und viele genießen einfach die Arbeitserleichterung. Der Computer ist aus unserer Zeit nicht mehr wegzudenken, auch wenn ihn nicht jeder braucht. Und da alle Medien gute und schlechte Seiten haben, müssen wir lernen, damit umzugehen. Wer lange vor dem Computer oder beim Fernsehen sitzt, braucht einen Ausgleich, braucht Bewegung. Das gilt besonders für Kinder. Ich gehe davon aus, dass Sie den Konsum von Computer, Fernsehen, DVD oder Playstation richtig dosieren und auch auf die Inhalte achten.

Einige Anregungen:

→   Besprechen Sie mit Ihrem Kind, welche Computerspiele
es spielen und welche Sendungen es sehen darf
und vor allem – wie lange.

→   Eine schöne Anregung sind »Zeittaler«, die am Anfang der Woche
ausgegeben werden. So übt Ihr Kind gleichzeitig Selbstdisziplin.
Es muss sich die Taler einteilen, wenn es lange etwas davon
haben möchte.

→   Machen Sie sich bewusst, dass Kinder unterschiedlich reagieren.
Manche Kinder können die Spannung auch in einer »harmlosen«
Geschichte nicht ertragen. Sie ängstigen sich, bekommen
Alpträume oder werden aggressiv.

→   Lassen Sie deshalb vor allem jüngere Kinder bitte nie alleine
fernsehen.
Dass Sie keinen Fernsehapparat im Kinderzimmer haben,
davon gehe ich aus.

→   Kleine Kinder brauchen weder Computer noch Fernsehen,
um etwas zu lernen.

Kinder lernen am meisten, wenn sie selbst etwas tun, wenn sie spielen und so Erfahrungen sammeln und Fähigkeiten einüben. Im wahrsten Sinne des Wortes, die Welt begreifen.

Denken – aber in die richtige Richtung

Denken Sie in die Zukunft? Ja, Sie haben richtig gelesen – *in* die Zukunft denken! Für mich ist das etwas anderes, als *an* die Zukunft zu denken. Wenn wir an die Zukunft denken, machen wir einen Zeitsprung und überlegen, wie unsere Zukunft wohl aussehen wird: ob wir gesund bleiben, unseren Arbeitsplatz behalten und von unserer Rente leben können. Wir fragen uns bangen Herzens, ob es weiter Kriege und Terroranschläge geben wird und welchen Lebensweg unsere Kinder gehen werden.

Wenn wir *in* die Zukunft denken, müssen wir uns fragen: »*Wie beeinflusst mein Verhalten heute meine Zukunft?*« Alles, was wir heute tun, hat Einfluss auf später. Viele Menschen leben ungesund, ernähren sich falsch, bewegen sich zu wenig, gönnen sich zu wenig Schlaf und Muße. Wenn sie dann krank sind, laufen sie zum Arzt und möchten Medikamente haben, die schnell und möglichst sofort helfen.

Ich habe dieses Beispiel gewählt, weil es für alle nachvollziehbar ist. Wir merken es meistens nicht sofort, welche Folgen unser Verhalten hat. Oft frönen wir jahrelang einer ungesunden Lebensweise, bis wir die ersten Auswirkungen spüren. Dann das Rad zurückzudrehen, kostet uns viel Zeit und Energie – aber es ist nie zu spät! Natürlich gibt es Krankheiten und Ereignisse, die wir nicht steuern können. Wir selbst haben aber viel mehr Einfluss auf unser Leben, als wir glauben. Und wir müssen lernen, dafür Verantwortung zu übernehmen. Unsere innere Einstellung ist dabei wichtig – das, was wir denken.

Was denken Sie über die Beziehung zu Ihren Kindern? Stellen Sie sich öfter die Frage: »*Was lernt mein Kind aus meinem Verhalten für seine Zukunft?*« Viele Eltern schicken ihr Kind frühzeitig zum Sprachunterricht oder zur Musikschule. Nicht, weil es dem Kind Spaß macht, sondern weil sie glauben, dass es für die Zukunft wichtig ist. Und sie vergessen dabei, das wirkliche Fundament für eine erfolgreiche Lebensbewältigung aufzubauen.

Dieses Fundament ist eine starke Persönlichkeit, die selbstständig und eigenverantwortlich die Lebensprobleme anpackt und nach Lösungen sucht. Eine Persönlichkeit, die fragt: »Was kann ich tun, damit es mir und anderen gut geht, was kann ich selbst zur Lösung eines Problems beitragen?«

Haben Sie sich schon einmal gefragt, welchen Einfluss Sie auf die Persönlichkeit Ihres Kindes und damit auf seine Zukunft haben? Welches Weltbild es entwickelt, wenn es ängstlich umsorgt und überbehütet wird? Wenn es verwöhnt und »in Watte gepackt« wird? Wenn es nie lernt, seine eigenen Erfahrungen zu machen und dafür Verantwortung zu tragen?

Und welches Bild der Welt entsteht in seinem Kopf, wenn seine Bedürfnisse nicht erfüllt werden, wenn niemand Zeit hat? Wenn es keine Möglichkeit zum kreativen Spielen gibt, wenn die Liebe fehlt?

»Der Kopf ist rund, damit unser Denken die Richtung ändern kann«, heißt es in einem Sprichwort. Das bedeutet: Unsere innere Einstellung bestimmt unser Leben. Aber wir können diese Einstellung auch bewusst ändern. Statt zu fragen: »Was können die anderen für mich tun?«, sollten wir immer wieder überlegen: »Was kann ich selbst tun?« Und das ist auch für Kinder wichtig. *Räumen Sie ihnen nicht alle Steine aus dem Weg, sondern fragen Sie Ihr Kind nach Lösungsmöglichkeiten. Kinder sind oft viel kreativer, als wir denken.*

Das heißt nicht, dass wir andere nicht um Hilfe bitten dürfen. Wir sind soziale Wesen und auf ein gutes Miteinander angewiesen. Doch in erster Linie tragen wir selbst die Verantwortung dafür, wie wir unser Leben gestalten. Denn Denken, Fühlen und Handeln beeinflussen sich gegenseitig. *»Mit der Zeit nimmt die Seele die Farben der Gedanken an.«* (Marc Aurel)

Welche Farben wünschen Sie sich für Ihre Seele?

Dankbarkeit kommt von Herzen

Dankbarkeit hat nichts mit Höflichkeit zu tun, sondern ebenfalls mit unserer inneren Einstellung. Wie können wir dankbar sein, wenn wir immer nur das Negative im Leben beachten? Es wird immer Menschen geben, von denen wir meinen, dass es ihnen besser geht als uns. Und es wird immer Menschen geben, die viel schlechter dran sind als wir selbst. Wollen wir uns ständig mit anderen vergleichen? Wichtig ist doch, dass wir selbst herausfinden: Wofür bin ich heute dankbar? *Wofür bin ich in meinem Leben dankbar?*

Positives Denken bedeutet nicht, die negativen Dinge im Leben zu verdrängen, sondern die positiven stärker zu beachten. Mir ist das einmal sehr deutlich geworden, als ich über meine Kindheit nachgedacht habe. Ich hatte eine sehr schöne Kindheit – ich hatte eine liebevolle Mutter und konnte einen großen Teil meiner Zeit in Freiheit, das heißt draußen in der Natur verbringen. Doch plötzlich sind mir auch die »dunklen Zeiten« bewusst geworden, und ich habe gemerkt, dass ich zwei völlig unterschiedliche Lebensgeschichten schreiben könnte. Und beide sind wahr.

Probieren Sie es aus. Schreiben Sie einfach ein *»Glückstagebuch«!* Notieren Sie, worüber Sie sich heute gefreut haben, was Ihnen gut gelungen ist, wofür Sie dankbar sind. Gerade die schönen Momente vergessen wir oft zu schnell. Sie werden merken: Ihr Leben wird sich positiv verändern!

Disziplin ja – Zwang nein

»Das Leben wäre halb so schwer, wenn Disziplin nicht nötig wär'!« So könnte man frei nach Wilhelm Busch formulieren. Disziplin hat noch immer etwas Anrüchiges an sich – und das nicht grundlos. Wir denken an Strenge, an Härte, an Disziplinarmaßnahmen und an Unterdrückung. Disziplin wurde und wird oft missbraucht und für das Erreichen falscher Ziele eingesetzt. Denn eines steht fest: Wenn wir etwas erreichen wollen, brauchen wir Disziplin, vor allem Selbstdisziplin. Was nichts anderes bedeutet als Selbstbeherrschung.

Wir können nicht immer das tun, was uns gerade Spaß macht und wonach uns der Sinn steht. Oft müssen wir unsere Bedürfnisse zurückstecken, um das zu tun, was nötig ist. Kinder müssen das Schritt für Schritt erst lernen.

Disziplin erreiche ich nicht, indem ich sie einfach verlange. Auch Kinder sind nicht immer einsichtig, und jeder Mensch hat eine andere Vorstellung davon, wie viel Disziplin nötig ist. Und wie sollen Kinder Disziplin lernen, wenn wir sie ihnen nicht vorleben? Wenn wir selbst zu viel rauchen, zu viel trinken, zu viel fernsehen ...? Wir alle haben Schwächen und sind in der einen oder anderen Hinsicht undiszipliniert – das müssen wir dann aber auch ehrlich zugeben.

Das Beste wäre natürlich, den Erfolg sinnvoller Disziplin vor Augen zu führen. Das motiviert mehr, als abschreckende Beispiele.

Reden Sie mit Ihren Kindern und setzen Sie sich gemeinsam mit ihnen Ziele, die anspornen. Aber bitte nicht überfordern, sondern in kleinen Schritten vorgehen und Hilfe anbieten oder Regeln aufstellen. Das gibt Sicherheit. Und Sicherheit brauchen alle – Erwachsene und Kinder.

Ehrlichkeit ist Pflicht

Mal ehrlich, sind Sie immer ehrlich? Oder was bedeutet Ehrlichkeit überhaupt? Es gibt Menschen, die ständig lügen und es noch nicht einmal selbst merken. Sie haben ihre Lügen so verinnerlicht, dass sie selbst daran glauben. Vielleicht auch, um sich selbst zu schützen oder einfach aus Bequemlichkeit.

Ehrlich zu sein ist nicht immer einfach. Es braucht schon ein gewisses Maß an Selbstbewusstsein, um einen Fehler zuzugeben oder die eigene Meinung zu vertreten. Wir schaffen es oft nicht einmal, uns selbst gegenüber ehrlich zu sein. Wie oft lassen wir uns von anderen beeinflussen und tun etwas, was wir eigentlich gar nicht wollen. Wir verdrängen gekonnt unsere Gefühle und gehen mit ins Kino, um dann ständig über den Film zu nörgeln. Wir könnten auch sagen: »Ich möchte heute lieber zu Hause bleiben und es mir auf der Couch gemütlich machen.« Oder: »Ich habe zwar keine Lust, ins Kino zu gehen, aber ich komme trotzdem mit.« Das wäre ehrlich, und die Standpunkte wären geklärt.

Ehrlichkeit fällt uns auch oft so schwer, weil wir nicht die richtigen Worte finden. Wir möchten keinen verletzen oder möchten uns nicht blamieren. Kinder machen sich darüber noch keine Gedanken. »Du siehst aber hässlich aus«, sagte ein fünfjähriges Mädchen zu mir, als ich eine Zeit lang meine Ersatzbrille tragen musste. Ein Erwachsener hätte es sicher anders formuliert. Vielleicht: »Die andere Brille steht dir viel besser.«
Kinder haben noch ein eigenes Empfinden für Ehrlichkeit. Und je jünger sie sind, desto weniger können sie zwischen Fantasie und Wirklichkeit unterscheiden. Sie glauben fest an das, was sie erzählen. Ansonsten sagen Kinder aus den gleichen Gründen wie Erwachsene nicht die Wahrheit: Sie haben Angst vor Strafe und geben nicht zu, dass sie Fehler gemacht haben. Oder sie möchten Anerkennung und erzählen uns eine Münchhausengeschichte.

Wenn Sie Ihr Kind beim Lügen ertappen, stellen Sie es bitte nicht bloß – schon gar nicht vor anderen! Fragen Sie nach: »Was ist passiert?«, »Was war der Grund für die Unehrlichkeit?«, »Was könntest du beim nächsten Mal besser machen?« Helfen Sie ihm dabei, die Sache zu bereinigen. *Ein vertrauensvoller Umgang miteinander ist die beste Basis für Ehrlichkeit!*

Wenn wir von unseren Kindern Ehrlichkeit verlangen, müssen wir selbst diese Ehrlichkeit vorleben. Kinder haben sehr feine Antennen und bekommen mehr mit, als uns lieb ist. Gerade deshalb ist es wichtig, auch in schwierigen Situationen ehrlich zu sein. Wenn Sie sich streiten, sagen Sie Ihrem Kind mit einfachen Worten, dass Sie Meinungsverschiedenheiten haben. Auch Freunde streiten sich manchmal und vertragen sich wieder. Versuchen Sie, dies Ihren Kindern verständlich zu erklären und zeigen Sie ihnen, dass auch Sie nach einem Streit wieder eine gemeinsame Basis finden.

Schwieriger wird es, mit Kindern zu reden, wenn ein Familienmitglied schwer erkrankt ist oder stirbt. Wir versuchen oft, Kinder vor diesen Situationen zu schützen, indem wir etwas verheimlichen. Doch wir können unsere Gefühle, unsere Ängste, unsere Trauer, unsere Wut, nicht verbergen. Kinder merken sehr schnell, wenn etwas nicht stimmt, und fangen an, sich zu ängstigen. Deshalb ist es wichtig, behutsam und einfühlsam mit den Kindern zu reden und sich bei Bedarf Hilfe zu holen. Auch Geschichten oder Bilderbücher können helfen, ein schwieriges Thema anzusprechen.

Noch etwas zum Schluss: Durch Computertomographie konnte man feststellen, dass unser Gehirn beim Lügen zusätzliche Energie verbraucht. *Sparen Sie diese Energie für wichtige Dinge und versuchen Sie, so oft wie möglich ehrlich zu sein!*

Erwartungen aussprechen

Erwartung hat etwas mit warten zu tun. Wir warten darauf, dass andere sehen, was wir uns wünschen oder wie es uns geht. Besonders Frauen glauben immer wieder an die hellseherischen Fähigkeiten ihrer Mitmenschen.

Meistens warten wir vergeblich und ärgern uns. Zum Beispiel darüber, dass wir zu Hause alles alleine machen müssen. Dass keiner sieht, wie viel Arbeit wir haben und wie schlecht es uns geht. Dann nörgeln wir herum, meckern und verbreiten eine schlechte Stimmung. Doch das hilft uns auch nicht weiter. Kennen Sie den Spruch: »Frauen sind Meckermodule – Männer Energiesparmodule?« Lernen wir doch von den Männern und sagen frei heraus, was wir möchten.

Meistens reden wir jedoch nur über das, was uns stört. Das klingt dann etwa so: »In deinem Zimmer sieht es wieder aus wie in einem Saustall, kannst du nicht endlich mal aufräumen?«, »Du hast schon wieder deine Sportsachen im Flur hingeworfen. Du lernst es nie, sie ordentlich wegzuräumen!« Oder: »Ich habe dir schon hundert Mal gesagt, du sollst dich beim Essen anständig benehmen!«

Sie haben es hundert Mal gesagt und nichts ist passiert. Dann werden Sie es vielleicht noch weitere hundert Mal sagen müssen. Geht es auch anders? Ja, es geht! Senden Sie Ich-Botschaften über das, **was Sie möchten**: „Ich freue mich, wenn …", »Ich wünsche mir …«, »Ich möchte, dass du jetzt sofort …« Das klingt doch gleich viel besser und erhöht die Chance, dass sich etwas bewegt.

Wenn es trotzdem nicht klappt, hilft es, in Ruhe darüber zu reden. Was möchte ich, was möchte mein Partner, was möchten meine Kinder? Die nächste Frage lautet: Wie können wir eine Lösung finden, mit der alle leben können? Welche Ideen gibt es, welche Regeln müssen wir aufstellen? Und welche Konsequenz hat es, wenn sich einer nicht daran hält?

Auch wenn es keine großen Probleme gibt, kann jeder seine Erwartungen und Wünsche sagen oder aufschreiben. Vielleicht erwartet ihr Partner von Ihnen, dass Sie ihn manchmal einfach für eine Weile in Ruhe lassen, oder die Kinder erwarten, dass Sie mehr Zeit für sie haben, ihnen besser zuhören. Wissen Sie es wirklich?

Warten Sie nicht länger – sagen Sie klar, was sie möchten. Und hören Sie zu, was Ihr Gegenüber dazu zu sagen hat!

Worauf warten Sie noch? Nehmen Sie ein Blatt Papier und schreiben Sie es auf:

→ Welche Erwartungen habe ich?
→ Was bringt es mir, wenn diese Erwartungen erfüllt sind?
→ Sind meine Erwartungen realistisch und wie sage ich klar, was ich möchte?

Ohne Empathie geht es nicht

Schon wieder ein Wort, von dem keiner so richtig weiß, was es bedeutet. Vereinfacht ausgedrückt bedeutet es nichts anderes als Einfühlungsvermögen. Sich in die Situation eines anderen einfühlen können, seine Sichtweise verstehen, wahrnehmen, wie es ihm geht. Eine wahrlich schwierige Angelegenheit. Denn jeder Mensch lebt in seiner eigenen Welt – aufgebaut auf dem, was er erlebt und wie er dieses Erleben verarbeitet und gespeichert hat.

Wie finden wir nun eine Brücke zur Welt unserer Kinder, überhaupt zur Welt eines anderen Menschen? Menschen, die intuitiv die Körpersignale erkennen, finden viel leichter Zugang. Sie lassen sich nicht vom Inhalt des gesprochenen Wortes blenden. Sie lesen unbewusst aus den Gesichtern oder achten auf den Klang der Stimme. Der Körper lügt nicht, und die Stimme gibt die Stimmung wieder. Selbst ein »Pokerface« kann minimale Regungen nicht verbergen.

Wenn mir Empathie besonders schwerfällt, weil ich im Moment einen Menschen nicht verstehe oder mich in Gegenwart anderer unwohl fühle, hilft mir ein Tipp aus dem Buch »Power Mind Training« von Anna Wise. Ich stelle mir vor, ich befinde mich mit dem anderen gemeinsam in einer großen Luftblase. So kann ich meinen Gefühlen nachspüren und mir darüber klar werden, was gerade passiert.

Was bringt es uns, empathisch zu sein? Kennen Sie ähnliche Situationen? Ihr Kind möchte seine Hausaufgaben nicht machen. Es trödelt herum, ist schlecht gelaunt und wird nicht fertig. Sie sind genervt, meckern erst, dann werden Sie wütend und zum Schluss kommt die Drohung: »Wenn es jetzt nicht klappt, hast du eine Woche Fernsehverbot!« Der Kampf ist in vollem Gange. Sie sind wütend, Ihr Kind ist wütend, und die Stimmung ist im Eimer. Selbst wenn Sie Ihr Ziel erreichen und die Hausaufgaben gemacht werden, wird der Erfolg nur gering sein. Entweder es gibt viele Fehler oder der Lerneffekt ist gleich null.

Stellen Sie sich eine andere Lösung vor:

→ Sie bleiben gelassen und fragen nach, was los ist.
→ Sie lassen sich auf keinen Kampf ein.
→ Sie versuchen herauszufinden, worin der Grund für die Unlust liegt.

Natürlich muss das nicht auf Anhieb funktionieren. Wenn Sie aber am Ball bleiben – geduldig zuhören und immer wieder nachfragen – kommen Sie bestimmt zum Ziel. Vielleicht braucht Ihr Kind Hilfe und will es sich nicht eingestehen. Oder es gab Ärger in der Schule, der noch nachwirkt. Wenn Sie die Ursache herausfinden, können Sie *gemeinsam* nach der besten Lösung suchen.

Es gibt immer mehrere Möglichkeiten, ein Problem zu lösen – bauen Sie eine Brücke zur Welt des anderen!

2. Spezielles von F bis J

Kinder brauchen Freunde

Freunde zu haben ist wichtig. Die richtigen Freunde zu finden ist schwer. Eltern möchten nur das Beste für ihre Kinder, sie sind oft entsetzt, wenn die Freunde überhaupt nicht ins Familienbild passen. Gehen Sie auch hier mit Empathie vor. Finden Sie heraus, warum es gerade dieser Freund oder diese Freundin sein muss. Vielleicht fasziniert das Andersartige oder die andere Familienkultur? Vielleicht kann der Freund oder die Freundin etwas, was Ihr Kind nicht kann? Laden Sie die Freunde Ihres Kindes ein und versuchen Sie, ihnen ohne Vorurteile zu begegnen. Das ist nicht immer einfach. Aber nehmen Sie Ihr Kind ernst und fragen Sie nach, was ihm an dieser Freundschaft so wichtig ist. Und äußern Sie Ihre Bedenken, ohne jemanden zu verletzen. *Gemeinsam nach Lösungen zu suchen zeigt Kindern, dass wir sie respektieren. Sie sind oft viel kreativer und klüger als wir denken.*

Natürlich gibt es Situationen, in denen Sie handeln müssen. Wenn Sie Angst haben, dass Ihr Kind zum Lügen, Stehlen oder zur Gewalttätigkeit verführt wird. Wenn Sie dann den Umgang verbieten müssen, suchen Sie nach einer Möglichkeit, dem Freund oder der Freundin zu helfen. Und sagen sie eindeutig und ehrlich, was Ihnen missfällt oder was Sie ängstigt. Wenn die Kinder größer sind, helfen Verbote wenig. Sie können nicht immer kontrollieren, ob und wann Ihr Kind sich mit dem Freund oder der Freundin trifft. Da hilft oft nur Wachsamkeit, Geduld und der Versuch, immer wieder an die Einsicht zu appellieren.

Ein afrikanisches Sprichwort sagt: »Es braucht ein ganzes Dorf, um ein Kind zu erziehen.« Die Meldungen über Kindesmissbrauch und Kindesvernachlässigung zeigen uns deutlich: *Wir alle sind für die Kinder in unserem Land verantwortlich!*

Kein Leben ohne Fehler

Erinnern Sie sich an Ihre Schulzeit? Ich weiß nicht, wie es Ihnen ging, aber ich habe mich oft nicht gemeldet – aus Angst, etwas Falsches zu sagen. Wir verpassen viele Chancen, wenn wir uns vor Fehlern fürchten. Kinder sollen erfahren, dass Fehler zum Leben und zum Lernen dazugehören. Das geht nur, wenn wir Fehler nicht überbewerten.

Wer etwas lernen will, macht automatisch Fehler. Oder haben Sie sich ins Auto gesetzt und sind gleich losgefahren? Wir vergessen oft, dass es sehr, sehr lange dauert, bis uns etwas in Fleisch und Blut übergegangen ist. Eine Sprache zu lernen dauert viele Jahre. Ein Kind fällt etwa tausendmal hin, bevor es sicher laufen kann. Wenn Kinder fehlerfrei wären, bräuchten sie nicht zur Schule gehen und Eltern hätten keine Probleme mit der Erziehung. Doch so einfach ist das Leben nicht – es wäre ja sonst irgendwie langweilig.

Auch Erwachsene dürfen Fehler machen. Glaubt man einer Statistik, macht der Mensch im Schnitt vier bis acht Fehler in der Stunde. Das ist schon heftig! Da ist es doch besser, zu seinen Fehlern zu stehen und zu überlegen, was man beim nächsten Mal besser machen kann. Oder sich für den Fehler zu entschuldigen – auch bei Kindern!
Wenn immer wieder die gleichen Fehler passieren, muss man herausfinden, woran das liegt. Viel wichtiger, als auf Fehler zu achten, ist es, die guten Eigenschaften und Fähigkeiten zu sehen und anzuerkennen. Freuen Sie sich, wenn Ihnen oder Ihrem Kind etwas gelungen ist.

Erwischen Sie Ihr Kind, wenn es etwas gut gemacht hat! Zeigen Sie ihm Ihre Anerkennung, und es wird es beim nächsten Mal noch besser machen!

Wie viel Freiheit braucht der Mensch?

Wie viel Freiheit braucht der Mensch? Tatsache ist: Je mehr Freiheit ein Mensch hat, umso größer ist seine Verantwortung. Nicht jeder kann diese Verantwortung tragen oder ertragen. In totalitären Staaten wird den Menschen Verantwortung abgenommen. Ebenso in Sekten, in die sich viele Menschen in der heutigen Zeit flüchten. Dort wird genau vorgeschrieben, wie sich die Menschen zu verhalten haben und was richtig und was falsch ist. Es gibt weder eine äußere noch eine innere Freiheit.

Es ist gut, dass wir in einem freien Land leben. Wir dürfen unsere Meinung sagen, frei wählen und selbst entscheiden, ob wir einer Kirche angehören wollen, und wenn ja, welcher. Im Rahmen unserer Begabungen und der bestehenden Angebote können wir auch unseren Beruf frei wählen und uns für eine Partnerschaft entscheiden. Aber wir tragen auch die Verantwortung für unser Leben und müssen für die Folgen unserer Entscheidungen geradestehen. Das ist nicht immer einfach und bringt uns vielfach in Gewissenskonflikte.

Gerade deshalb ist es wichtig, dass wir Kindern nur die Freiheiten zumuten, mit denen sie auch umgehen können. Kinder unter drei Jahren können ihre Impulse weitgehend noch nicht steuern. Sie laufen auf die Straße, wenn sie etwas Interessantes sehen. Sie heben das angebissene Brötchen auf und stecken es in den Mund. Sie wollen etwas haben und das möglichst sofort. Wir überfordern Kinder mit Entscheidungen, deren Konsequenzen sie noch nicht absehen können. Je älter, je verantwortungsvoller, je disziplinierter Kinder werden, umso mehr Entscheidungen können sie treffen. Denn Freiheit setzt nicht nur Verantwortung, sondern auch Selbstdisziplin und Selbstmotivation voraus. Wenn ich diese Voraussetzungen nicht habe – dann gehe ich nur zur Schule, wenn es mir Spaß macht, ich esse was ich möchte, auch wenn es noch so ungesund ist. Oder ich greife zu Drogen und werde kriminell.

Freiheit hört dort auf, wo ich mir selbst oder anderen schade. Falsch verstandene Freiheit bedeutet: Kinder einfach machen zu lassen, was sie möchten. Es macht Arbeit, immer wieder neu zu schauen, wie viel Freiheit ich meinem Kind zutrauen kann. Und je älter die Kinder werden, kann es auch Angst machen. Dann wir müssen lernen, loszulassen.

Geben Sie Ihren Kindern so viel Sicherheit wie nötig und so viel Freiheit wie möglich!

Gefühle sind stärker als der Verstand

Wir alle kennen diese Sätze: »Du brauchst doch keine Angst zu haben!«, »Du hast keinen Grund zu weinen!«, »Hör endlich auf, wütend zu sein!«

Aber die Angst, die Traurigkeit oder die Wut ist da und lässt sich nicht einfach per Knopfdruck abschalten. Auch nicht mit unserem Verstand. Doch wir können lernen, mit unseren Gefühlen umzugehen. Das ist selbst für uns Erwachsene noch schwierig. Trotzdem können wir Kindern helfen, ihre Gefühle zu erkennen und sich nicht von ihnen beherrschen zu lassen. Sozusagen Gefühlsmanagement zu lernen.

So oder ähnlich könnte es funktionieren:
→ »Wovor hast du Angst? Was könnten wir gegen die Angst tun?«
→ »Sag mir, weshalb du traurig bist, vielleicht kann ich dir helfen.«
→ »Du darfst wütend sein, aber du darfst deshalb niemanden verletzen. Lass uns überlegen, wie die Wut verschwindet.«

Auch wir Erwachsenen sollten mehr auf unsere Gefühle hören und uns fragen: »Was macht mir Angst, was macht mich gerade traurig oder hilflos?« Positive Gefühle wie Freude oder Glück genießen wir einfach. Negative Gefühle möchten wir so schnell wie möglich verdrängen oder loswerden. Das hilft uns aber nicht weiter. Um unsere Kinder zu schützen, ihnen nicht wehzutun, zeigen wir unsere negativen Gefühle nicht. Doch Kinder sind sehr sensibel und feinfühlig. Sie spüren, dass etwas nicht in Ordnung ist. Im schlimmsten Fall geben sie sich selbst die Schuld dafür.

Sagen Sie Ihrem Kind, wenn Sie sich Sorgen machen. Sagen Sie ihm, wenn Sie traurig sind, und sagen Sie ihm auch warum. Und wenn wir mal nicht gut drauf sind, ist es besser, dazu zu stehen und den anderen zu bitten, uns für eine Weile in Ruhe zu lassen.

Alle Gefühle haben eine Ursache. Diese Ursache herauszufinden und nach Lösungen zu suchen, das ist der bessere Weg.

Nehmen Sie Ihre Gefühle und die Gefühle Ihrer Kinder ernst!

An dieser Stelle möchte ich Ihnen den »magischen Kreis« vorstellen. Nein, das hat nichts mit Zauberei zu tun. Es ist ganz einfach: Denken, Fühlen und Handeln beeinflussen sich gegenseitig. Was bedeutet das?

Normalerweise sind unsere Gefühle viel stärker als der Verstand. Wir können sie nicht einfach per Knopfdruck ausschalten – aber wir können sie beeinflussen. Was ist das beste Mittel gegen Trübsal? Bewegung! Wenn Sie einen Waldlauf oder einen flotten Spaziergang gemacht haben, dann ist die

Ursache vielleicht immer noch vorhanden, aber die negativen Gefühle sind weitgehend verschwunden. Und automatisch werden Ihre Gedanken wieder freier und heller. Durch Bewegung und frische Luft können wir Dampf ablassen und bekommen wieder einen klaren Kopf. Das hilft uns, mit Problemen besser umgehen zu können.

Wenn Sie negative Gedanken haben, sich ängstigen, sich Sorgen machen – werden sich auch negative Gefühle entwickeln oder verstärken. Und Ihr Verhalten, Ihr Handeln wird ebenso negativ beeinflusst. Sie lassen sich hängen, haben zu nichts mehr Lust, es fehlt Ihnen an Energie. Ein ewiger Kreislauf. ***Denn Denken, Handeln und Fühlen beeinflussen sich gegenseitig!***

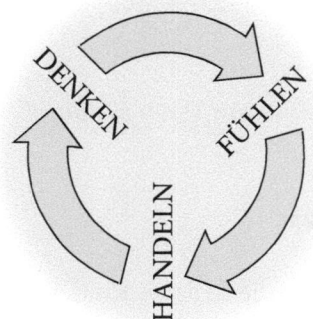

Wenn Sie sich gut fühlen, sind Ihr Denken und Ihr Handeln in Ordnung. Wenn nicht, tun Sie etwas: ***Sie können das Drehbuch Ihres Lebens mitgestalten!***

Geduld ist gefragt

»Das Gras wächst nicht schneller, wenn man daran zieht«, lautet ein chinesisches Sprichwort. Wie oft sind wir ungeduldig, wenn es bei Kindern nicht so funktioniert, wie wir uns das vorstellen. Aber was für uns selbstverständlich ist, müssen Kinder erst lange trainieren. Das vergessen wir oft. Wir werden ärgerlich, wenn es mit dem Anziehen immer noch nicht klappt, wenn zum x-ten Mal die Tasse umfällt oder die Rechenaufgabe trotz vieler Erklärungen nicht verstanden wird. Doch jedes Kind hat sein eigenes Entwicklungstempo.

Was die anderen Kinder im Kindergarten oder in der Schule schon können, ist kein Maßstab – höchstens eine Richtschnur. Das heißt: Wir müssen natürlich schauen, ob ein Kind Unterstützung braucht, weil die Unterschiede zu den Gleichaltrigen zu groß sind. Um wirkliche Entwicklungsstörungen zu erkennen, gibt es Ärzte und Beratungsstellen. Wenn Eltern ein ungutes Gefühl haben, können und sollen sie sich jederzeit Hilfe holen!

Im Allgemeinen aber gilt: *Ein Kind, das langsam lernt, braucht nicht mehr Druck, sondern mehr Zeit.*

Edison, der Erfinder der Glühlampe, hatte Schwierigkeiten mit dem Gewinde. Nach ca. 1000 Fehlversuchen sagte ein Mitarbeiter: »Sehen Sie jetzt endlich ein, dass es nicht geht?« Die Antwort von Edison: »Ich weiß jetzt, wie es nicht geht. Um herauszufinden, wie es gehen könnte, brauche ich nur etwas Geduld.«

Ich wünsche Ihnen viel Geduld mit Ihren Kindern!

Geschichten sind Herzensbildung

Geschichten zu hören, ist für die meisten Kinder mit das Schönste, was es auf der Welt gibt. Egal ob die Geschichten vorgelesen oder erzählt werden, ob sie spannend oder lustig sind – Kinder sind die geborenen Zuhörer. Sie können Ihrem Kind nichts Besseres bieten, als ihm jeden Tag vorzulesen oder ihm etwas zu erzählen. Für Kinder hat das unglaublich viele Vorteile. Sie erweitern ihre Sprachkenntnisse, die Fantasie wird angeregt, sie erfahren etwas Neues und sie genießen die gemeinsame Zeit.

Mit Geschichten kann man auch Themen aufgreifen, die gerade aktuell sind. Sie helfen, über schwierige Dinge zu reden, z. B. über Krankheit, Scheidung oder Tod. Was über Geschichten vermittelt wird, bleibt besser im Gedächtnis. *Vorlesen ist Bildung – auch Herzensbildung!*

Humor ist ...

»Humor ist, wenn man trotzdem lacht«, lautet ein altes Sprichwort. Und wer über sich selbst lachen kann, der ist gut dran. Er sieht die Dinge nicht so verbissen und weiß, dass er nicht frei von Fehlern ist. Er erspart sich dadurch eine Menge Energie und peinliches Grübeln über etwas, was nicht zu ändern ist. Und er ist weniger stressanfällig.

Humor ist eine positive Einstellung, die uns das Leben leichter macht. Was wäre das für eine Welt, wenn wir alle eine große Portion mehr Humor hätten! Auf den Straßen würden wir in viele entspannte Gesichter schauen, es gäbe weniger Streit, wir würden manche Dinge gelassener sehen und für Probleme schneller eine Lösung finden. Viel mehr braucht man über Humor nicht zu sagen. Nur noch eines: *Mit Humor lebt es sich leichter.*

Höflichkeit braucht mehr als Regeln

Zurzeit ist es in, Kinder in Benimm-Kurse zu schicken. Das ist sicher keine schlechte Idee, wenn es den Kids Spaß macht. Aber Höflichkeit bedeutet mehr, als das Beherrschen bestimmter Benimm-Regeln. Höflichkeit bedeutet: Rücksichtnahme, auch einmal zurückstecken können, dem anderen den Vortritt lassen. Es bedeutet: aufmerksam zu sein und andere Menschen nicht vor den Kopf zu stoßen. Das alles lässt sich nicht in einem Benimm-Kurs lernen – es ist eine Frage des Vorbildes, das abfärbt.

Wer ein höfliches Kind möchte, darf Höflichkeit nicht nur predigen. Er muss sich fragen, welches Verhalten ist mir wichtig und muss das vorleben. Sonst passiert Folgendes: Ein Kind, dem Höflichkeit gepredigt wird, lernt keine Höflichkeit, sondern predigen!

Was ich Kindern täglich vorlebe, werden sie mit der Zeit automatisch verinnerlichen. So wie die kleine Carola. Als ich sie fragte, ob sie Milch trinken möchte, antwortete sie erfreut: »Gerne!« Aus ihrem Tonfall habe ich die Stimme ihrer Mutter herausgehört. Ein gutes Beispiel für eine gelungene Vorbildfunktion.

Natürlich sollen wir mit Kindern reden, wenn uns ihr Verhalten nicht gefällt. *Aber die stärkste Wirkung hat immer noch das Vorbild.*

Wenn Ihnen Höflichkeit wichtig ist, dann nehmen Sie sich doch einfach ein Blatt Papier und schreiben Sie auf:

⟶   Was verstehe ich unter Höflichkeit – welches Verhalten
       wünsche ich mir von anderen Menschen, von meinem Partner,
       von meinen Kindern?

→ Lebe ich dieses Verhalten auch vor?

→ Stimmen meine Vorstellungen über Höflichkeit mit denen
der Menschen in meinem Umfeld überein?

Wir glauben oft, die Sichtweisen anderer Menschen zu kennen. Wir gehen davon aus, dass unsere Meinung richtungsweisend ist.
*Vielleicht haben Sie Lust, im Freundeskreis oder mit anderen darüber
zu diskutieren?*

Herzenswärme verändert die Menschen

Kinder brauchen drei Dinge, um stark zu werden: »Herzenswärme, Freiräume und klare Regeln«, schreibt Klaus Hurrelmann, Prof. für Sozial- und
Gesundheitswissenschaften, in seinem Buch »Kinder stark machen«. Aber
was ist Herzenswärme? Ist es das, was Saint-Exupéry seinen kleinen Prinzen
sagen lässt? »Man sieht nur mit dem Herzen gut.« Wir können nur mit dem
Herzen sehen, wenn wir lieben. Wenn wir lieben, öffnen wir unsere Herzen
und verströmen die Wärme, die wir selbst in uns verspüren. Und wenn wir
unsere Herzen öffnen, öffnen wir auch die Türen zu den Herzen unserer
Kinder. Mit Herzenswärme können wir ein Fundament schaffen und Kinder für das Leben stark machen.

Dazu passt folgende Geschichte:

Der Wind und die Sonne stritten miteinander, wer stärker sei. Als sie einen
Wanderer sahen, prahlte der Wind: »Ich bin so stark, ich werde ihm den
Mantel vom Leib reißen!« Und er blies und blies, so kräftig er nur konnte.
Doch je mehr er sich anstrengte, umso enger schnallte der Mann seinen
Mantel fest. Die Sonne lächelte nur und fing an zu strahlen. Und siehe da,
erst öffnete der Wanderer seinen Mantel, und als die Sonne ihn noch wär-
mer beschien, zog er ihn schließlich ganz aus.

Nicht immer gewinnt der Stärkere – Herzenswärme macht vieles leichter!

Was ist Intelligenz?

Kennen Sie Ihren IQ, wissen Sie, wie intelligent Sie sind? Wenn nicht, macht das überhaupt nichts! Viel wichtiger ist, dass Sie Ihre Fähigkeiten kennen:
Was können Sie gut, was macht Ihnen Spaß?

Was Intelligenz überhaupt ausmacht, ist ohnehin umstritten. In Deutschland gibt es über 80 verschiedene Intelligenztests. Der durchschnittliche IQ-Wert liegt etwa bei 100. Nur ca. 2 % der Bevölkerung erreichen angeblich einen IQ über 130. Das heißt aber noch lange nicht, dass diese Menschen auch erfolgreich sind.

Eine einfache Definition von Intelligenz habe ich im Internet gefunden: *Intelligenz ist die Fähigkeit, Probleme und Aufgaben effektiv zu lösen und sich in ungewohnten Situationen zurechtzufinden.* Diese Definition beschreibt eher die emotionale Intelligenz, die Grundlage für privaten und beruflichen Erfolg. Oder einfach ausgedrückt – die Fähigkeit, mit sich und anderen gut umzugehen. Goethe nannte es Herzensbildung.

Andere Forscher wiederum sagen, dass es eine ganze Palette voneinander unabhängiger Intelligenzen gibt: z. B. verbales Verständnis, räumliches Vorstellungsvermögen, Gedächtnis und Zahlenverständnis oder musikalische Intelligenz. Kein Mensch kann auf allen Gebieten gleich gut sein!

Wenn die Begabungen und Fähigkeiten, die uns in die Wiege gelegt wurden, nicht gefördert und trainiert werden, dann nützen sie uns wenig. Das ist das Dilemma mancher hochbegabten Menschen, deren Fähigkeiten nicht erkannt werden. Im besten Falle haben sie gute Noten in der Schule, im schlimmsten Fall brechen sie die Schule ab, werden verhaltensauffällig oder krank.

Wie finden Sie nun heraus, welche Fähigkeiten Ihr Kind hat? Aufmerksam sein, beobachten, Zeit für die eigene Entwicklung einräumen und „Futter fürs Gehirn" geben. Also doch Frühenglisch oder musikalische Förderung? Wenn es dem Kind Spaß macht und es bezahlbar ist, warum nicht? Es gibt aber im Alltag unzählig viele Möglichkeiten, eine anregende Umgebung zu schaffen – die noch nicht einmal etwas kosten.

Hier nur eine kleine Aufzählung:
--→ miteinander singen, lachen, toben

→ Geschichten erzählen und vorlesen
→ gemeinsam etwas basteln oder kochen
→ rausgehen und die Welt erkunden

Lassen Sie Ihr Kind spielen, krabbeln, erzählen, begreifen. Lassen Sie es die Welt entdecken und geben Sie ihm den Rahmen, den es dafür braucht: Zuwendung, Zärtlichkeit, Sicherheit.

Wie viel Internet darf es sein?

Ein schwieriges Thema. Heute ist das Internet aus unserem Leben nicht mehr wegzudenken. Wir bekommen Informationen in komprimierter Form und finden schnell, was wir suchen. Aber manchmal begeben wir uns dabei auch auf dünnes Eis. Was ist erlaubt, was nicht? Sind unsere Daten geschützt und wann kommen wir auf eine unsichere Seite?

Wenn Kinder und Jugendliche das Internet nutzen, sollten Sie einiges bedenken:
→ Unterschätzen Sie Ihre Kinder nicht. Sie sind mit den neuen Medien aufgewachsen und kennen sich oft besser aus als wir selbst.
→ Kinder sind von Natur aus neugierig. Sie können also davon ausgehen, dass sie anfangen zu surfen.
→ Verabreden Sie klare Regeln – was ist erlaubt und was nicht! Vertrauen ist gut, aber schauen Sie Ihrem Kind trotzdem ab und zu über die Schulter.
→ Wenn Sie eine Mail-Adresse einrichten, sollte daraus nicht der richtige Name zu ersehen sein. Auch in Chatrooms immer ein Pseudonym angeben. Auf keinen Fall Adresse, Telefon- oder Handynummer weitergeben!

Totale Sicherheit im Internet gibt es nicht. Es gibt zwar Kinder- und Jugendschutz-Filter, hundertprozentig sicher sind diese aber nicht.

Wir müssen immer wieder mit den Kindern darüber reden, was erlaubt ist und was nicht. Mit ihnen diskutieren und sich die Seiten zeigen lassen, auf denen sie surfen.

Inkubationszeit – die Zeit, bis etwas wirkt

Sie kennen den Begriff vielleicht aus der Medizin. Die Zeit von der Ansteckung bis zum Ausbruch einer Krankheit nennt man Inkubationszeit. Auch Kinder haben manchmal eine Inkubationszeit. Wenn Sie Ihrem Kind etwas sagen oder etwas von ihm verlangen, erwarten Sie bitte nicht, dass es sofort darauf anspringt. Hier gilt die Devise: *»Einmal gesagt ist keinmal gesagt.«*

Natürlich sollen Sie sich nicht den Mund fusselig reden, wenn Ihr Kind auf Durchzug schaltet. Aber lassen Sie ihm Zeit, das Gehörte zu verarbeiten.

Jungen sind anders

Jungen sind anders – Mädchen auch. Das geschlechtstypische Verhalten ist zwar weitgehend biologisch bestimmt, aber auch das soziale Umfeld hat einen großen Einfluss. Natürlich ist es inzwischen nicht mehr so, dass Jungen in eine bestimmte Rolle gedrängt werden, nach dem Motto: Jungen weinen nicht oder Jungen spielen nicht mit Puppen. Das sind überholte Klischees. Trotzdem fehlt es oft an positiven männlichen Vorbildern.

Das Thema ist so komplex, dass ich hier nur einige Denkanstöße dazu geben möchte:

→ Das männliche Hormon Testosteron bewirkt, dass Jungen mehr körperliche Aktivitäten brauchen und auch gerne mal kämpfen. Das heißt aber nicht unbedingt, dass sie auch aggressiver sein müssen. Einer neuen Studie nach soll Testosteron sogar soziales Verhalten fördern.

→ Zwischen dem elften und dem dreizehnten Lebensjahr, also während der Pubertät, steigt der Testosteronspiegel steil an. Das bewirkt nicht nur einen körperlichen Wachstumsschub, auch das Gehirn wird stark in Mitleidenschaft gezogen. Die Jungen sind oft geistig abwesend und verhalten sich chaotisch.

→ Unsere Gesellschaft wird immer »jungenfeindlicher«. Schreien, toben, raufen sind verboten. Es gibt kaum Möglichkeiten, sich auszuprobieren oder Aggressionen sinnvoll abzubauen.

⟶ Oft wird auch der Werkunterricht gestrichen. Und nicht nur zu Hause fehlt es an männlichen Vorbildern. Auch im Kindergarten oder in der Schule sind überwiegend Frauen tätig.

Das Aktionsbündnis Kinderrechte tritt für eine Verankerung der Kinderrechte im Grundgesetz ein. Unter anderem wird darin das Recht des Kindes auf angemessene Entwicklung und Entfaltung gefordert. Ich wünsche mir, dass der Staat endlich seine Verantwortung für alle Kinder in diesem Land ernst nimmt. Dann müssten allen Kindern, Jungen wie Mädchen, die bestmöglichen Entwicklungschancen geboten werden. Bis es so weit ist, sind die Eltern gefragt. *Machen Sie das Beste daraus!*

3. Kommunikation und mehr von K bis R

Konflikte sind Chancen

Konflikte gehören zum Leben – wie das Salz zur Suppe. Ohne Salz schmeckt die Suppe fad, zu viel Salz macht sie ungenießbar. Die Frage ist, wie viel Konflikte sind notwendig, damit wir uns weiterentwickeln, unseren eigenen Standpunkt finden? Und welche Konflikte lassen sich vermeiden?

Ein Konflikt ist nichts anderes als ein Zusammenstoß unterschiedlicher Bedürfnisse, Temperamente und Meinungen. Die Frage ist, wie gehen wir damit um, auf welche Art und Weise lösen wir Konflikte? Das hat viel mit unserem eigenen Temperament, mit unseren Erfahrungen und mit unserer momentanen Verfassung zu tun. Zwischen Wutausbrüchen und beleidigtem Zurückziehen liegt eine breite Palette unterschiedlicher Verhaltensweisen. Und wenn wir gerade gut drauf sind, bewältigen wir einen Konflikt viel leichter. Wenn wir selbst ärgerlich oder wütend sind, können wir schlechter eine Lösung finden. Uns selbst zurückzunehmen und die Angelegenheit aus einer gewissen Distanz zu betrachten, das fällt uns dann schwer. Es kommt zu Vorwürfen und Schuldzuweisungen: »Du hast schon wieder …«, »Du benimmst dich unmöglich …«, »Jetzt reicht es mir langsam!«

Wie gehen Sie persönlich mit Konflikten um? Gehen Sie auf die Palme? Ziehen Sie sich schmollend zurück oder werfen Sie mit bissigen, verletzenden Kommentaren um sich?

Selbst wenn wir wissen, wie wir uns im Konfliktfall verhalten sollten, fällt uns das nicht immer leicht. Kinder sind da manchmal die besseren Erwachsenen. An einigen Schulen gibt es Konfliktlotsen, die bei Streitigkeiten gemeinsam mit den Beteiligten eine Lösung suchen. Eine Radiomoderatorin erzählte von ihrem Sohn, der an einer Schule als Konfliktlotse tätig ist. Eines Tages kam er nach Hause und sagte: »Mama, heute hatten wir mal wieder einen schönen Konflikt!« Als sie einmal wütend wurde, weil sein Zimmer nicht aufgeräumt war, bekam sie zu hören: »Ich verstehe ja, dass du ärgerlich bist. Trotzdem möchte ich nicht, dass du so mit mir sprichst.« Kommentar der Moderatorin: »Das hat gesessen!«

Konflikt als Chance, die eigenen Bedürfnisse und die Bedürfnisse anderer besser zu verstehen und gemeinsam eine Lösung zu finden? Das geht nur, wenn wir beim Streiten einige Regeln beachten:

→ Wenn wir zu erregt sind, ist es besser, erst einmal herunterzufahren und die Gefühle abkühlen zu lassen. Manchmal hilft es, den Kampfplatz zu verlassen – vielleicht sogar eine Runde um den Block zu drehen. Das geht natürlich nur bei älteren Kindern. Oder das Kind bitten, sich erst mal in seinem Zimmer zu beruhigen. Nach dem Motto: »Wir sind beide zu aufgeregt, lass uns nachher in Ruhe darüber reden.«

→ Der Konfliktpartner muss klar wissen, was ich von ihm möchte und warum: »Ich möchte, dass du dein Zimmer aufräumst, weil Oma morgen zu Besuch kommt.« Und er hat das Recht, seine Meinung, seine Sicht der Dinge zu äußern.

→ Im Idealfall lässt sich eine Lösung finden, mit der alle Parteien leben können. Es gibt aber auch Situationen, in denen wir den eigenen Standpunkt ganz klar vertreten müssen. »Ich diskutiere nicht mit dir, du ziehst deine Jacke an, draußen ist es kalt!« Das waren die Worte einer Mutter, die ihrem sechsjährigen Sohn ansonsten viele Freiheiten ließ. Aber hier ging es um die Gesundheit des Jungen und um Folgen, die er selbst nicht einschätzen konnte.

→ Sicher werden wir uns nicht immer so verhalten, wie es richtig wäre. Dafür sind wir alle Menschen, und Menschen machen Fehler. Wenn wir aber wirklich mal ausrasten, können wir uns entschuldigen und sagen, dass uns unser Verhalten leidtut. Kinder verzeihen uns vieles – wenn wir es aufrichtig meinen. Und sie lernen dabei, dass man sich keinen Zacken aus der Krone bricht, wenn man sich für sein Verhalten entschuldigt.

Klarheit ist gefragt

Wie war das mit den Erwartungen? Wir warten darauf, dass der andere merkt, was in unserem Kopf vorgeht. Aber mal ehrlich, das wäre sicher nicht in jeder Situation angenehm, z. B. wenn wir wütend sind und andere in Gedanken zur Hölle schicken. Wenn wir etwas wollen – wenn wir andere Menschen mit unseren Worten erreichen möchten, dann ist Klarheit eine wichtige Voraussetzung dafür.

In ihrem Buch »Der Minutenmanager« geben uns die beiden Autoren, Blanchard und Johnson, dabei Hilfestellung: Kurz, konkret und möglichst zeitnah sagen, was wir wünschen:

Zeitnah bedeutet: Gleich zu sagen, was mich stört, oder besser noch, welches Verhalten ich mir wünsche. Und zwar in Ich-Form, aus meiner Perspektive, ohne den anderen zu beschuldigen oder ihm Vorwürfe zu machen. Wer Vorwürfe macht, muss damit rechnen, dass zurückgeworfen wird.

Kurz und konkret bedeutet: Auf den Punkt kommen und keinen Roman erzählen. Viele Kinder sind bereits »vater- oder muttertaub«, weil sie einen Redefluss über sich ergehen lassen müssen, den sie überhaupt nicht mehr verstehen. Die Folge davon ist – sie schalten ab. Hier gilt: *Je jünger Kinder sind, umso kürzer und einfacher sollten die Sätze sein.*

Klarheit drückt sich auch in der Stimme aus, denn die Stimme gibt die Stimmung wieder. Im Kindergarten habe ich einmal erlebt, wie eine Mutter mit scheinbarer Engelsgeduld und mit sanfter Stimme ihre kleine Prinzessin immer wieder bat, sich doch endlich anzuziehen. Als die Eingangstür dann endlich hinter den beiden zufiel, gab es einen lauten Knall. Die Mutter hatte dem Kind eine Ohrfeige verpasst und es angeschrien, weil es nicht sofort auf sie gehört hatte. Hätte sie gleich laut und deutlich gesagt, dass es Zeit zum Anziehen ist, hätte das Kind merken können, dass die Aufforderung ernst gemeint ist. Wir trauen uns oft nicht, in der Öffentlichkeit Stellung zu beziehen, und rasten dann aus, wenn wir glauben, es kriegt keiner mit. Kinder verstehen dann die Welt nicht mehr.

Es kommt also nicht so sehr auf den Inhalt an, auf das, was wir sagen – sondern darauf, wie wir es sagen. Unsere Körpersprache und die Tonlage unserer Stimme sagen mehr aus als unsere Worte!

Wie viel Konsequenz muss sein?

»Meine Herrschaften, wenn Sie nicht konsequent lernen, müssen Sie die Konsequenzen tragen.« Das war der Standardspruch unseres Englischlehrers. Natürlich bekommt man schlechte Noten, wenn man nicht lernt. Alles im Leben hat Konsequenzen – positive oder negative. Kinder können die Konsequenzen ihres Handelns oft noch nicht einschätzen. Deshalb brauchen sie unseren Schutz.

Wir können nicht sagen: »Wenn du ohne zu schauen über die Straße läufst, wirst du überfahren«, und das Kind dann gehen lassen. Ein sehr krasses Beispiel, aber es macht deutlich: *Wenn es um die Gesundheit und um die Sicherheit der Kinder geht, müssen Eltern ein Stoppschild aufstellen!*

Je älter Kinder werden, desto eher besteht die Gefahr, dass sie diese Schilder ignorieren und Risiken eingehen. Aber wir können Kinder nicht vor allem schützen. Wir wissen nicht, ob sie im Kindergarten oder in der Schule von anderen bedroht werden und Angst haben, etwas zu sagen. Wir wissen nicht, ob sie bei Freunden nicht doch die Horrorfilme sehen, die zu Hause verboten sind. Wir wissen nicht, ob sie von ihrem Umfeld zu Alkohol- oder Drogenkonsum verleitet werden. Wir können nur eine vertrauensvolle Beziehung schaffen und aufmerksam sein, wenn Kinder sich verändern.

Aufmerksam sein, dem Kind zuhören, merken, wenn es bedrückt ist, behutsam nachfragen. Dinge, die viel Geduld und Einfühlungsvermögen von uns fordern. Dass wir das nicht immer haben, ist verständlich. Auch wir haben Stress, Ärger und Sorgen. Aber egal was passiert ist, wir müssen mit unseren Kindern darüber reden. Wir müssen sie anhören und ihnen dann unseren eigenen Standpunkt deutlich machen.

Um noch einmal auf das Thema Schule zurückzukommen. Wenn Kinder herumtrödeln und ihre Hausaufgaben nicht machen, dann könnte es eine logische Konsequenz sein, dass sie erst zu ihrem Freund dürfen, wenn sie ihre Pflichten erfüllt haben. Logische Konsequenzen statt Strafen – das sollte heute in der Erziehung selbstverständlich sein. Das heißt: Es gibt in der Familie bestimmte Regeln, und die werden eingehalten. Wenn nicht, hat das Konsequenzen. Und diese Konsequenzen müssen vorher klar sein.

Wenn Eltern selbst immer wieder inkonsequent sind, lernt ein Mensch nie, dass sein Verhalten Folgen hat – negative oder positive. Mehr dazu beim Thema Regeln.

Was Liebe bedeutet

Liebe ist etwas Wunderbares, und über Liebe wird viel geschrieben. Aber lässt sich Liebe überhaupt beschreiben? Für mich ist Liebe ein Gefühl, das aus dem Herzen kommt. Wer liebt, sieht die Dinge mit anderen Augen. Wer die Natur liebt, sieht ihre Schönheit – weiß aber auch, dass sie zerstörerisch und grausam sein kann. Wer seinen Beruf liebt, geht ganz in ihm auf – weiß aber, dass auch hier Probleme und Hindernisse zum Alltag gehören. Wer einen Menschen liebt, der sieht zuerst seine guten Seiten, seine Stärken, seine Fähigkeiten. Aber er weiß auch, dass niemand perfekt ist und jeder Mensch Schwächen hat und Fehler macht.

Liebe macht blind, heißt es manchmal. Wenn wir frisch verliebt sind, haben wir einen dunklen Fleck in unserer Wahrnehmung und blenden die schlechten Seiten aus. Lässt das Verliebtsein dann nach, stürzen manche vom Paradies in die Hölle. Aber ist das wahre Liebe? Ein Mensch, der wirklich liebt, liebt den anderen mit all seinen Fehlern, Eigenarten und Schwächen. Er nimmt ihn so an, wie er ist. Das bedeutet nicht, dass er alles toleriert – denn damit kann er dem anderen auch schaden.

Liebe ist auch nicht immer gleichbleibend. Sie verändert sich, genauso wie andere Gefühle auch. Die meisten Eltern sind überglücklich, wenn sie ihr Neugeborenes in den Armen halten. Sie glauben, das Paradies auf Erden gefunden zu haben. Wenn das Baby aber dann nächtelang schreit und keiner weiß warum, wenn plötzlich Hyperaktivität festgestellt wird und Eltern nicht mehr wissen, wie sie mit ihrem Kind umgehen sollen, wenn der pubertierende Jugendliche nur noch Bockmist verzapft und nicht mehr ansprechbar ist – dann wird es schwierig, das Gefühl der Liebe aufrechtzuerhalten. Schon der ganz normale Erziehungsalltag lässt Eltern manchmal verzweifeln und in Hilflosigkeit versinken.

Aber gerade, wenn Kinder sich nicht so verhalten, wie wir es uns wünschen, brauchen sie unsere bedingungslose Liebe. Das heißt nicht, dass wir ihr Verhalten immer gutheißen müssen. Kinder brauchen Orientierung und dürfen nicht ins Leere laufen. Dazu gehört auch, dass Eltern ihnen Werte vermitteln und ganz klar ihren eigenen Standpunkt vertreten. Aber Kinder müssen spüren: Meine Eltern stehen zu mir, auch wenn sie über mein Verhalten sauer sind.

Lieben heißt:
→ Kinder so annehmen, wie sie sind – auch wenn sie im Moment nicht das tun, was wir von ihnen erwarten,
→ aufmerksam sein und die Bedürfnisse und Interessen der Kinder wahrnehmen,
→ ermutigen und unterstützen – und Kindern helfen, ihren Weg zu gehen,
→ Nein sagen können, wenn Kinder etwas wollen, womit sie sich oder anderen Menschen schaden,
→ verzeihen können und nicht nachtragend sein,
→ Vertrauen schenken und immer wieder neu beginnen.

Liebe ist der Schlüssel zum Herzen der Kinder. Ohne Liebe geht es nicht. Wenn ich ein Kind nicht liebe, kann ich es vielleicht gut versorgen, aber ich werde schwer den richtigen Zugang zu ihm finden.

Liebe ist wie eine zarte Pflanze. Sie muss beschützt und gepflegt werden, sonst wird sie leicht zertreten oder verwelkt.

Richtig loben

Jeder Mensch braucht Lob und Anerkennung. Und ein Kompliment geht uns runter wie Öl – meistens jedenfalls. Denn manchmal schlagen wir um uns, als ob Lob und Komplimente lästige Fliegen wären. »Das war doch gar nichts Besonderes, was ich gemacht habe«, lautet dann die Antwort. Wir machen uns klein und entwerten unsere Leistung, statt stolz darauf zu sein. Und wenn uns jemand sagt, wie gut wir aussehen, fällt uns nichts anderes ein, als zu sagen, dass wir mal wieder dringend zum Friseur müssten und unsere Haare unmöglich aussehen. Frauen reagieren jedenfalls oft auf diese Weise.

Aber warum eigentlich? Liegt es daran, dass Kinder in den ersten Jahren oft gelobt werden, aber dann zunehmend die Kritik, das Augenmerk auf Fehler in den Vordergrund tritt? Wie können wir Lob annehmen, wenn wir uns überwiegend über unsere Fehler und Schwächen definieren? Wir sehen dann eher die Fehler, unsere Mitmenschen sehen unsere Fähigkeiten. Jedenfalls, wenn Sie uns wohlgesonnen sind. Unsere Selbstwahrnehmung, unser Selbstwertgefühl stimmt oft nicht mit dem überein, was andere in uns sehen oder über uns denken. Natürlich gibt es auch das Gegenteil. Menschen, die sich selbst für die Größten und Besten halten und auf andere herabsehen. Ein Mensch mit Selbstbewusstsein ist sich seiner Fehler und Schwächen, aber auch seiner Stärken bewusst. Und er kann zu beidem Ja sagen.

Bevor Sie jetzt weiterlesen, habe ich eine große Bitte: Nehmen Sie sich ein Blatt Papier und schreiben Sie auf, wofür Sie Anerkennung verdienen, was Sie gut machen und wofür Sie sich selbst auf die Schulter klopfen möchten. Sie finden das unnütz? Darauf gibt es nur eine Antwort: ***Wenn wir etwas in dieser Welt verändern wollen, müssen wir bei uns selbst anfangen.*** Also trauen Sie sich und schreiben Sie auf, was Sie schon immer Gutes über sich selbst sagen wollten!

Ich bin stolz auf mich, weil …

Wie können wir unsere Kinder zu selbstbewussten Menschen erziehen? Indem wir ihnen Anerkennung geben für das, was sie gut können. Und das ist eine ganze Menge! Vieles fällt uns nur nicht mehr auf, weil wir es für selbstverständlich halten. Anerkennung zu geben, zu loben hat noch einen positiven Nebeneffekt. Wer gelobt wird, freut sich und wird mit Glücksgefühlen belohnt. Deshalb strengen wir uns danach noch mehr an, weil wir mehr von diesen Glücksgefühlen haben möchten. Wer dagegen ständig kritisiert wird, verliert die Lust und traut sich bald selbst nichts mehr zu.

Das soll nicht heißen, dass wir alles schönreden. Kinder brauchen unsere Einschätzung zu ihrem Verhalten und müssen wissen, was uns nicht gefällt. Und zwar möglichst kurz, konkret und zeitnah. Das Gleiche gilt für das Lob. Natürlich können wir auch einfach mal sagen: »Das hast du gut gemacht« oder »Du bist der Beste«. Solche Streicheleinheiten brauchen wir alle ab und zu für unsere Seele.

Bei kleinen Kindern reagieren wir noch überschwänglich, wenn sie das erste Lächeln zeigen, die ersten Schritte schaffen, die ersten Worte plappern. Etwas von dieser Freude sollten wir Kindern auch noch in späteren Jahren mitgeben. Die Freude darüber, dass sie ein anderes Kind getröstet haben, dass sie in der Schule ihr Bestes versuchen, dass sie etwas besonders gut können. Es gibt so viele Möglichkeiten, jeden Tag zu sagen, was uns gefällt. Um es mit den Worten von Teresa v. Avila zu sagen: *»O Herr, lehre mich, an anderen Menschen unerwartete Talente zu entdecken, und verleihe mir die schöne Gabe, sie auch zu erwähnen.«*

Auch wenn Sie es bereits getan haben, nehmen Sie noch einmal ein Blatt zur Hand und schreiben auf, wofür Sie Ihr Kind, Ihren Partner in nächster Zeit loben möchten.

Legen Sie die Liste dorthin, wo Sie jeden Tag zu sehen ist und setzen Sie das Lob dann auch in die Tat um!

Lernen von Anfang an

Lernen heißt, die Welt entdecken, und zwar jeden Tag neu! Unser Gehirn steht nie still und nimmt jede Minute Millionen von Sinneseindrücken auf, die es dann in der Nacht verarbeitet. Schon vor der Geburt lernen wir, die Stimme der Mutter von anderen zu unterscheiden. Und Mütter, die eine Vorliebe für bestimmte Nahrungsmittel haben, übertragen möglicherweise diese Vorlieben auf ihre Kinder. Das Kind im Bauch isst schließlich mit. Aber wenn Babys das Licht der Welt erblickt haben, dann geht es in rasantem Tempo erst richtig los! Wie viele Sinnesreize muss der neue Erdenbürger verarbeiten, wenn er aus der warmen, dunklen und geschützten Höhle im Bauch der Mutter ins Leben geschickt wird!

Und wie schnell lernt ein Kind, nach etwas zu greifen, zu krabbeln, sich aufzurichten. Und dann dieses Lächeln oder Juchzen, wenn die Anstrengung zum Erfolg geführt hat. Auch beim Laufenlernen lässt es sich von Misserfolgen nicht abhalten. Immer wieder, hunderte, ja tausende Male wird etwas ausprobiert, bis es endlich klappt! Dabei wird unbewusst die Bezugsperson mit einbezogen. Wie reagiert sie, freut sie sich mit mir, zeigt sie überhaupt eine Reaktion? *Ein Kind kann nur lernen, wenn es merkt, dass sein Tun etwas bewirkt. Es braucht Resonanz!*

Später werden dann mit Hingabe immer wieder die gleichen Puzzlespiele zusammengesetzt, Bilder gemalt, Bausteine aufeinandergetürmt oder Radfahren geübt. Das Selbstvertrauen wächst, der Erfolg motiviert, weiterzumachen. Und wenn dann noch eine Bestätigung von Erwachsenen kommt, ist das Glück perfekt.

Was aber, wenn Eltern meinen, ihrem Kind ständig zu Hilfe eilen zu müssen? Oder wenn es freudestrahlend ein gemaltes Bild vorzeigt und hören muss: »Das sieht aber nicht schön aus.« Beides wirkt auf Kinder entmutigend. Wenn so etwas immer wieder passiert, entsteht im Gedächtnis ein negativer Glaubenssatz, der vielleicht das ganze Leben unbewusst mitgeschleppt wird: »Ich kann das ja doch nicht.«

Amerikanische Forscher wollten wissen, was passiert, wenn sie Schmetterlinge aus ihrem Kokon befreien. Die Schmetterlinge hatten danach keine Kraft zum Fliegen und mussten sterben. Sie brauchen die Kraftanstrengung, sich selbst aus dem Kokon zu befreien, um zu überleben.

Jedes Kind ist anders und lernt in seinem eigenen Tempo. Aber wir müssen es selbst tun lassen, wenn es erfolgreich sein soll. Wir können es unterstützen, in dem wir ihm etwas zutrauen, es ermutigen und ihm helfen, wenn es wirklich unsere Hilfe braucht.

Lassen Sie Ihr Kind die Welt entdecken! Lassen Sie es spielen, ausprobieren und unterstützen Sie es dabei. Schaffen Sie eine anregende Umgebung – aber vermeiden Sie Reizüberflutung. So legen Sie das beste Fundament für erfolgreiches, lebenslanges Lernen.

Motivation – damit Lernen gelingt

Zum Lernen oder um überhaupt etwas zu tun, braucht man Motivation. Aber was motiviert einen Menschen, was treibt ihn an, was bewegt ihn? Erinnern Sie sich noch an Ihre Schulzeit? Wann hat es Ihnen Spaß gemacht, zu lernen? Hat Ihnen Lernen überhaupt Spaß gemacht? Wenn ich an meine Schulzeit zurückdenke, wird mir klar, dass Lernen für mich nicht unbedingt das Wichtigste war. Natürlich wollte ich einigermaßen gute Noten haben und einen guten Abschluss. Viel spannender aber war das Zusammensein mit Freunden – die Zeit »nach den Hausaufgaben«.

Was motiviert unsere Kinder zu lernen? Was haben sie davon, wenn sie sich anstrengen? »Mein Kind bekommt für jede gute Note eine entsprechende Belohnung«, werden vielleicht einige von Ihnen antworten. Vorsicht! Belohnungen zählen zu den Faktoren »äußere Motivation«. Die kann zwar kurzfristig Erfolg bringen, hat aber keine lange Lebensdauer. Echtes Lob und Anerkennung spornen viel mehr an. Aber was ist, wenn ein Schüler trotz aller Mühe nicht die Noten erzielt, die ihm Anerkennung einbringen?

Etwas tun, weil es Spaß macht, weil man Freude daran hat, weil es spannend ist – das ist die Motivation, die uns etwas konzentriert und ausdauernd tun lässt. Dann sind wir noch nicht einmal auf die Anerkennung anderer angewiesen. Wir sind motiviert, weil wir etwas für uns selbst tun. Wenn wir Erfolg damit haben, werden Glückshormone ausgeschüttet. Das veranlasst uns dann, weiterzumachen, weil wir natürlich noch mehr von diesem Glücksgefühl einfangen möchten.

Es gibt Lehrer, die gestalten den Unterricht spannend. Sie machen Kinder neugierig, lassen sie selbst ausprobieren und gehen mit jedem Schüler achtsam und respektvoll um. Die Kinder fühlen sich ernst genommen, die Beziehung zum Lehrer stimmt. Und selbst, wenn das Lernen mal nicht so viel Freude macht, strengen sie sich an. Sie möchten ihr Bestes geben. Dann kann das eintreten, was sich an einer Schule in Bayern abgespielt hat. Dort ist es einer Lehrerin mit viel Empathie gelungen, auf jedes Kind so gezielt einzugehen, dass der Notendurchschnitt der gesamten Klasse enorm in die Höhe schnellte. Sie finden das großartig? Ich auch. Doch nicht so die Eltern aus den Parallelklassen. Sie beklagten sich über die Benachteiligung ihrer Kinder. Anstatt dass man nun versucht hätte, von dieser motivierenden Lehrerin zu lernen, musste sie gehen. Ihr wurde vorgeworfen, sie hätte den Schulfrieden gestört. PISA lässt grüßen!

Freuen Sie sich, wenn Ihr Kind motiviert ist – egal ob es Fußball spielt, ein Instrument lernt oder von der Natur fasziniert ist. Ermutigen Sie es, dranzubleiben und auch Durststrecken zu überstehen. So kann Leben gelingen!

Macht hat zwei Seiten

»Möge die Macht mit dir sein!«, heißt es in den »Star-Wars-Filmen« von George Lucas. Macht hat immer zwei Seiten – es kommt darauf an, wie wir sie anwenden. Kinder haben oft ziemlich viel Macht über uns. Wenn sie uns anlächeln oder mit Schmeicheleien um den Finger wickeln, können wir nicht immer widerstehen. Genauso können sie durch Trotz, Wutausbrüche oder ungehöriges Verhalten Macht auf uns ausüben – wenn wir sie vor lauter Hilflosigkeit einfach gewähren lassen. Es gibt Familien, da sind die Kinder »Herrscher im Haus«. Sie haben die Macht, sie sagen, wo es langgeht.

Ein Paradies für Kinder? Ganz im Gegenteil! Kinder brauchen liebevolle Führung, Klarheit und Orientierung. Wenn sie diese nicht bekommen, sind sie gnadenlos überfordert. Sie schweben im luftleeren Raum, werden krank, verhaltensauffällig oder zu kleinen Tyrannen.

Übernehmen Sie zu Hause die Chefrolle und muten Sie diese niemals Ihrem Kind zu!

Mut haben und Mut machen

Marva Collins ist eine Frau, die großen Mut bewiesen hat. Sie war Lehrerin an einer staatlichen Schule in den USA und mit dem Schulsystem unzufrieden. Viele Kinder wurden nicht genug gefördert, und die Chancen dieser Kinder für die Zukunft sahen düster aus. Deshalb gründete Marva Collins 1975 in einem sozialen Brennpunkt Chicagos – unter äußerst schwierigen Bedingungen – ihre eigene Schule. Sie unterrichtete dort Kinder, die keine Lust zum Lernen hatten, und Kinder mit Lernbehinderungen. Kinder, die sich selbst nichts mehr zutrauten. Innerhalb eines Jahres konnten sie mit Schülern aus normalen Klassen mithalten. Viele von ihnen studierten später an den bekanntesten Universitäten, obwohl sie in sehr ärmlichen Verhältnissen aufgewachsen waren.

Was ist das Geheimnis von Marva Collins' Unterricht? Sie glaubt an die Fähigkeiten ihrer Schüler! Sie macht ihnen Mut. Mut, sich anzustrengen und Ziele zu verwirklichen. »Was möchtest du einmal werden?«, fragt sie. Und sie motiviert, indem sie sagt: »Du kannst es schaffen, es liegt weitgehend an dir, ob du dein Ziel erreichst.« Marva Collins gibt keinen der Schüler auf. Selbst in Krisensituationen redet sie immer wieder mit Schülern und Eltern. Weil sie die Kinder liebt und respektiert, kann sie auch Respekt einfordern. Die Regeln, die sie vorgibt, sind denkbar einfach: »Ich möchte, dass ihr pünktlich zum Unterricht erscheint und zwar gewaschen und gekämmt. Ob ihr etwas lernen wollt oder nicht, bleibt euch überlassen, aber ich dulde es nicht, dass ihr andere im Unterricht stört. Konflikte werden fair ausgetragen – weder mit körperlicher noch mit verbaler Gewalt!«

Wenn wir zu unseren Kindern stehen, ihnen immer wieder Mut machen und unsere Hilfe anbieten, dann können wir ihnen auch etwas zumuten: Eigenverantwortung und Respekt im Umgang mit anderen!

Eine andere wahre Geschichte erzählt von einer Mutter, die nicht aufgab und den Mut hatte, neue Wege auszuprobieren:

Sie lebte mit ihren zwei Söhnen im Armenviertel einer Stadt in den USA. Von morgens bis abends putzte sie für fremde Menschen, um den Lebensunterhalt zu verdienen. Sie hatte keine Zeit, sich um ihre Söhne zu kümmern. Natürlich nutzten die beiden Jungs das aus. Wenn sie von der Schule nach Hause kamen, sahen sie stundenlang fern und das Lernen wurde vernachlässigt. Dementsprechend waren die Noten. Die Schüler gehörten zu den schlechtesten in der ganzen Schule.

Als alles Reden und Schimpfen nichts half, nahm die Mutter die beiden Jungs, ging mit ihnen in die Stadt und stellte sich vor ein großes Gebäude. »Das hier ist eine Bibliothek«, sagte sie. »Ich möchte, dass ihr euch hier jede Woche ein Buch ausleiht, es lest und eine Seite über den Inhalt schreibt.« Die beiden waren von der Idee nicht gerade begeistert. Doch jede Woche wurden die Berichte eingesammelt, und der ältere Sohn fand zunehmend Spaß am Lesen.

Nach einiger Zeit fragte der Lehrer in einer Schulstunde nach dem Namen eines besonderen Gesteins, das er den Kindern zeigte. Keiner wusste es, nur der ältere Sohn, der sonst immer wegen seiner Dummheit gehänselt wurde, konnte darüber ausführlich berichten. Seit dieser Zeit bekam er mehr und mehr Anerkennung. Er wurde immer besser, studierte, promovierte und wurde ein anerkannter Wissenschaftler.

Eines habe ich Ihnen noch nicht erzählt. Die Mutter selbst war Analphabetin und konnte die Berichte ihrer Söhne nicht lesen. Aber sie gab ihren

Kindern einen Impuls, der ihre Zukunft bestimmte. Sie hat es geschafft, sie auf einen guten Weg zu bringen.

Nein sagen ist erlaubt

Wenn Kinder noch klein sind, müssen wir oft Nein sagen oder sie von etwas fernhalten, um sie zu schützen. Zum Beispiel, wenn sie auf die heiße Herdplatte fassen oder die Hasenknödel in den Mund stecken wollen. Später probieren Kinder selbst das Nein sagen aus. Sie tun nicht immer das, was wir von ihnen fordern, und strapazieren häufig unsere Geduld. Mit der Zeit lernen sie auch, dem Nein der Eltern zu widersprechen – durch Quengeln, durch Betteln oder durch aggressives Verhalten.

Natürlich gibt es Situationen, in denen man über eine Sache diskutieren kann. Vielen Eltern fällt es heutzutage aber schwer, auch dann bei ihrem Nein zu bleiben, wenn es berechtigt ist. Sie sind gestresst und geben lieber nach, als sich auf einen Machtkampf einzulassen. Da gibt es fast täglich neues Spielzeug. Da werden Süßigkeiten im Übermaß gekauft – auch wenn es der Gesundheit schadet. Da mischt man sich nicht ein, wenn das Kind sich anderen gegenüber respektlos verhält. Hauptsache man hat seine Ruhe!

»*Nein aus Liebe!*« heißt das Buch des dänischen Familientherapeuten Jesper Juul. Er weist Eltern ganz deutlich auf die Verantwortung für ihre Kinder hin: »Schadet es, wenn ich es erlaube? Was lernt mein Kind für die Zukunft, wenn ich ihm alles durchgehen lasse, wenn ich es zu sehr verwöhne?« Diese Fragen müssen sich Eltern immer wieder neu stellen.

Nach seinem Alkoholkonsum befragt, antwortet ein 15-jähriger Schüler: »Meinem Vater ist das egal, solange ich nicht stockbesoffen nach Hause komme und die Wohnung vollkotze!« Mehr Verantwortungslosigkeit gibt es wohl kaum.

Eltern dürfen Nein sagen und Kinder auch. Wenn wir unsere Kinder zu starken, selbstbewussten Menschen erziehen wollen, müssen wir es aushalten, dass sie ihren eigenen Willen, ihre eigene Meinung haben. Sie müssen nicht etwas essen, was ihnen nicht schmeckt – es gibt bestimmt eine Menge gesunder Alternativen. Sie müssen der Omi kein Küsschen geben, auch wenn diese sich noch so sehr darüber freut. Sie müssen nicht Klavier spielen lernen, wenn es ihnen überhaupt keinen Spaß macht.

Selbst zu wissen, was ich möchte, und meinen Standpunkt vertreten, das ist gerade für Kinder in unserer Zeit überlebenswichtig. Mit Kindern darüber reden, dass weder Freunde noch Fremde das Recht haben, irgendetwas zu fordern, was sie nicht möchten, das kann vor Übergriffen und vor sexuellem Missbrauch schützen! Zu diesem Thema gibt es viele Bücher, darunter eines, das auch schon jüngere Kinder verstehen: »Das große und das kleine Nein« von Gisela Braun und Dorothee Wolters.

Nichts tun kann man immer

Einige meiner Lieblingsgeschichten sind die Geschichten von Charlotte aus dem gleichnamigen Buch von Axel Brüggemann. Er beschreibt auf herzerfrischende und humorvolle Art ganz alltägliche Situationen mit seiner kleinen Tochter Charlotte. In einer der Geschichten hat Charlotte Langeweile und fragt ihren Papa, was sie denn tun könne. Der Papa rät ihr, doch einfach mal ein bisschen nichts zu tun. Da strahlt Charlotte ihn an und sagt: *»Das ist gut Papa. Nichts tun kann man immer.«*

Wir alle sollten es uns öfter mal gönnen, einfach nichts zu tun. Ich weiß, das ist schwer auszuhalten, aber manchmal ist es ganz nützlich. Wir kommen wieder zur Ruhe und drehen uns nicht ständig im Kreis. Und hinterher haben wir oft viel mehr Schwung und Lust, uns auf die wesentlichen Dinge zu konzentrieren.

Auch Kinder können lernen, Langeweile auszuhalten. Wir müssen sie nicht immer beschäftigen und bespaßen. Oder ihnen tausend Vorschläge machen. Am besten ist es, wenn sie alleine herausfinden, was sie tun könnten.

Viele Kinder fallen heute geradezu in ein Loch, wenn keiner mit ihnen spielt oder ihnen vorliest, wenn weder Fernseher noch Computer laufen. Ein Merkmal unserer Zeit, das sich auf die Kinder überträgt?

Wieder lernen abzuschalten, wieder lernen zu träumen, in unsere eigene Welt zu versinken, das ist es, was Erwachsenen und Kindern guttun würde!

Jeder Mensch braucht Orientierung

Man kann es nicht oft genug sagen: »Kinder brauchen Orientierung!« Aber woher bekommen sie diese Orientierung? Viele meinen, Orientierung geschieht durch Worte, indem ich dem Kind sage, wo es langgeht. Aber das trifft nur zu einem kleinen Teil zu. Viel wichtiger ist das »Lernen am Modell«, und das geschieht meist unbewusst. Das heißt, ohne dass wir es merken. Deshalb ist es so wichtig, ein gutes Vorbild zu sein und nicht etwas zu verlangen, was wir selbst nicht vorleben.

Das Vorbild hat ein Kind jeden Tag vor Augen, und es prägt automatisch mit der Zeit auch sein Verhalten.

Unsere Kinder müssen wissen, woran wir selbst uns orientieren. Das heißt, wir müssen natürlich auch mit ihnen reden. Darüber, was uns im Leben wichtig ist, was wir gut finden und was nicht. Mit Kindern reden heißt: sie auch zu Wort kommen lassen, sie anhören und keinen Monolog halten. Für viele Kinder ist es spannend, zu hören, was wir in unserer Kindheit erlebt haben. Was wir gespielt haben, wie unsere Schulzeit aussah. Probieren Sie es doch einfach aus und fangen Sie bei passender Gelegenheit an zu erzählen. Sie merken ja, ob Sie auf Interesse stoßen.

Orientierung zu geben bedeutet, ehrlich zu sein – zu sagen, was ich denke, was ich fühle. Natürlich so, dass es Kinder nicht belastet und ihrem Alter angemessen ist.

Ordnung ist das halbe Leben ...

Jeder Mensch braucht Ordnung, nur nicht jeder gleich viel. Gerade im Kinderzimmer prallen oft unterschiedliche Sichtweisen aufeinander. Der Nachwuchs ist ganz in sein fantasievolles Spiel vertieft, doch Mama glaubt, sich auf einem Schlachtfeld wiederzufinden. Was tun? Bevor Sie sich auf einen Machtkampf einlassen, überlegen Sie bitte, ob im Kinderzimmer wirklich Unordnung herrscht oder ob gerade ein konzentriertes und kreatives Spiel über die Bühne geht. Das mühsam Aufgebaute zu zerstören kann für Kinder grausam sein. Wir sollten uns freuen, wenn Kinder intensiv und ausdauernd spielen. Sie trainieren dabei Fähigkeiten, die sie im Leben brauchen: Konzentration, Ausdauer, Geschicklichkeit, Kreativität und vieles mehr.

Doch irgendwann muss auch das kreativste Chaos ein Ende haben. Der Spruch: »Räum dein Zimmer auf«, fruchtet dabei nur selten. Und so einfach dürfen wir es uns auch nicht machen. Wenn Kinder noch klein sind, überfordern wir sie, wenn sie alleine Ordnung halten sollen.

Da hilft nur eines: gemeinsam anpacken und Strukturen schaffen. Kinder müssen Ordnung erst lernen.

Sind die Kinder älter, kann es ganz witzig sein, ein Spiel aus der »Aufräumaktion« zu machen. Wer hat in fünf Minuten die meisten Sachen weggeräumt, wer kann den Mülleimer am schnellsten runter bringen? So sind alle mit einbezogen, und die gewonnene Zeit können Sie nutzen, um gemeinsam Spaß zu haben.

Bei Schulkindern ist es wichtig, dass Sie einen aufgeräumten Arbeitsplatz haben und im Zimmer kein Chaos herrscht, das immer wieder vom Lernen ablenkt. Da heißt es: Dran bleiben und immer wieder gemeinsam Regeln vereinbaren. Hier Druck auszuüben, hilft nichts. Druck erzeugt nur Gegendruck und mit Schimpfen vergeuden Sie unnötig Energie. Bleiben Sie kreativ und lassen Sie sich etwas einfallen, mit dem alle leben können. Was jemand unter Chaos versteht, ist relativ. Da hilft es nur, Kompromisse zu schließen. *Ordnung ist das halbe Leben – aber vergessen Sie nicht die andere Hälfte!*

Optimismus kann man lernen

In seinem Buch »Der Glücksfaktor« beschreibt Martin Seligmann, warum Optimisten länger leben. Optimisten leben in derselben Welt wie Pessimisten – aber sie sehen die Dinge mit anderen Augen. Auch Optimisten kennen Probleme und Misserfolge, doch sie vertrauen darauf, eine Lösung zu finden. Sie richten ihren Blick mehr auf die positiven Dinge im Leben und nutzen die Chancen, die sich ihnen bieten. Das macht sie glücklicher, und das ist eine gute Voraussetzung dafür, länger zu leben.

Optimisten laufen also nicht mit einer rosa Brille durch das Leben und reden alles schön. Sie haben einfach eine andere Lebenseinstellung. Probleme sehen sie als Herausforderung und suchen nach Lösungen, statt zu jammern und den Kopf in den Sand zu stecken. Somit sind sie meist nicht nur glücklicher, sondern auch erfolgreicher.

Nach Seligmann wird uns Optimismus in die Wiege gelegt. Doch auch im späteren Leben können wir uns noch eine optimistische Lebenseinstellung aneignen, wenn wir lernen, mehr auf die schönen Dinge zu achten, uns freuen, dankbar sind und selbst die Verantwortung für unser Leben übernehmen. Haben Sie sich schon ein Glückstagebuch zugelegt, in dem Sie jeden Tag die glücklichen Momente und die Erfolge des Tages aufschreiben? Fragen Sie sich auch in schwierigen Situationen immer wieder: »*Ist es wirklich so schlimm, wie ich es im Moment empfinde?*« »Was kann ich selbst tun, um die Situation zu verbessern, oder bei wem kann ich mir Unterstützung holen?«

Verwandeln Sie sich in einen Optimisten! Kinder brauchen optimistische Menschen, die Vertrauen in das Leben haben, Kinder ermutigen und Herausforderungen meistern. Denken Sie immer daran, ob Sie es wollen oder nicht, Sie sind das Vorbild, an dem sich Ihr Kind orientiert – auch wenn es später nur einen Teil Ihrer Verhaltensweisen übernimmt.

Die Pubertät überstehen

Pubertät ist die Zeit, in der die Eltern peinlich werden. So jedenfalls sieht es aus der Perspektive der Heranwachsenden aus. Während der Pubertät – und die kann sehr lange dauern – haben es beide Seiten nicht leicht. Es ist eine Zeit der Veränderungen und der Ablösung. Eltern und Kinder müssen lernen, damit umzugehen.

»Na dann viel Spaß!«, bekommen Eltern manchmal zu hören, wenn sie erzählen, dass ihr Kind in der Pubertät ist. Nicht nur äußerlich verändern sich die Heranwachsenden. Hormone verändern auch ihre Gefühlswelt, ihre Konzentration, ihre Wahrnehmung. Dabei kann die Pubertät bei jedem Kind völlig unterschiedlich verlaufen. Manch einer zieht sich zurück und ist kaum mehr ansprechbar. Andere rebellieren gegen Regeln oder glauben, keine Party auslassen zu dürfen, um nichts zu verpassen. Sie ändern ihr Outfit, je nachdem, welcher Gruppierung sie sich anschließen. Das kann für Eltern manchmal durchaus ein Schock sein.

Die Pubertät ist die zweite Phase der Selbstfindung im Leben. Nachdem die zwei- oder dreijährigen Menschlein entdeckt haben, dass sie einen eigenen Willen haben, und lernen mussten, mit ihren Gefühlen umzugehen, kommt bei den Pubertierenden die Frage auf: »Wer bin ich, wohin gehöre ich?« Das kann mit lautstarken Auseinandersetzungen bis hin zu Beleidigungen einhergehen. *Natürlich müssen sich Eltern keine Beleidigungen gefallen lassen, aber in dieser Zeit brauchen Kinder trotzdem viel Verständnis, Toleranz, Vertrauen und Liebe!*

Beim Einkaufen traf ich die Oma eines ehemaligen Kindergartenkindes. »Wie geht es Melanie?«, wollte ich wissen. »Manchmal zickt sie ganz schön rum«, bekam ich zur Antwort. »Am besten ist es, sie dann in Ruhe zu lassen. Wenn sie etwas möchte, kommt sie von alleine wieder.« Ein weiser Rat!

Ihr Kind braucht Sie jetzt ganz besonders – auch wenn es nicht immer so aussieht. Sein Gehirn ist eine »Baustelle«, und es empfindet viele Ereignisse hochdramatisch: Liebeskummer, schlechte Noten, ausgegrenzt sein ...!

Hören Sie zu und respektieren Sie seine Meinung. Aber sagen Sie auch klar und ehrlich, wie Sie zu einer Sache stehen. Vielleicht versuchen Sie, einen Kompromiss zu finden, mit dem beide Seiten leben können.

Das ist oftmals leichter gesagt als getan. Was ist, wenn ein Kind von seinen Freunden negativ beeinflusst wird und zu *Alkohol oder Drogen* greift? Die erste Reaktion der Eltern ist meist: »Was haben wir falsch gemacht?« Aber Eltern sind nicht in jedem Fall für den Lebensweg ihrer Kinder verantwortlich. Mit zunehmendem Alter kommen Einflüsse hinzu, die Sie nicht immer steuern können. Versuchen Sie erst einmal, ruhig zu bleiben, und holen Sie sich dann so schnell wie möglich Hilfe von Fachleuten. Erkundigen Sie sich nach Beratungsstellen. Dabei ist es wichtig, dass Sie zu den entsprechenden Personen Vertrauen haben. Und wenn eine Beratung oder Therapie für die Kinder selbst notwendig wird, dann dürfen diese sich nicht »abgeschoben« fühlen. Auch sie müssen dem Berater oder Therapeuten vertrauen.

Partnerschaft will geübt sein

Was bedeutet Partnerschaft? Wenn man auf das Ursprungswort Partizipation zurückgreift, bedeutet es: Teilhabe, Beteiligung, Mitbestimmung. Partnerschaft bedeutet also nichts anderes, als den Partner mit einbeziehen, ihn am Leben teilhaben lassen und Mitbestimmung gewährleisten. Partnerschaftliche Erziehung ist heute vielfach in Verruf geraten, weil sie falsch verstanden wurde:

Oft lassen Eltern ihre Kinder nicht nur mitbestimmen, sie lassen die Kinder bestimmen, wo es langgeht. Und sie überfordern dabei ihre Kinder, weil sie diese wie kleine Erwachsene behandeln.

Kinder sollen natürlich mitbestimmen, wenn es um ihre eigenen Interessen und Bedürfnisse geht. Wenn ein Baby schreit, muss ich schauen, ob es Hunger hat, nass ist oder ihm etwas wehtut. Ob es Langeweile hat oder überreizt ist. Wenn ein Kind nicht essen möchte, kann ich versuchen, die Ursache herauszufinden, aber ich darf das Kind nicht zum Essen zwingen. Wenn ein Jugendlicher lieber Fußball spielen möchte, statt ein Instrument zu lernen, bringt es nichts, wenn ich ihm meinen Willen aufzwinge.

Aber wir tragen auch Verantwortung für unsere Kinder. Wenn wir merken, dass sie sich oder anderen schaden – dass sie etwas tun, was unverantwortlich ist, oder sich etwas wünschen, was wir nicht für gut halten, dann müssen wir das deutlich sagen. Wir müssen riskieren, dass sie wütend auf uns sind oder uns nicht verstehen. Wir müssen uns damit auseinandersetzen, und das kostet Kraft und Zeit. Partnerschaft gibt es nicht zum Nulltarif! Wer eine Partnerschaft eingeht, geht eine Beziehung ein. Er muss sich mit den eigenen Bedürfnissen, Zielen und Wertvorstellungen genauso befassen wie mit denen des Partners. Beziehung bedeutet Arbeit – Beziehungsarbeit – und die hört nie auf.

Und eine Partnerschaft braucht Werte wie Vertrauen, Verständnis, Liebe. Um diese Werte zu erhalten, braucht es immer wieder Zeit und Zuwendung. Lassen Sie die Kinder einfach an Ihrem Alltag teilhaben, beziehen Sie sie mit ein, trauen Sie ihnen etwas zu und reden Sie miteinander. Das gilt nicht nur für die Kinder, sondern auch für die erwachsenen Partner.

Wenn es um Erziehung geht, stoßen bei Eltern manchmal unterschiedliche Familienkulturen aufeinander. Wir dürfen nicht vergessen, dass Menschen sehr stark von ihrem Umfeld geprägt werden. Jeder Einzelne von uns ist in einem anderen Elternhaus aufgewachsen, hat eine andere Erziehung genossen und setzt vielleicht auch andere Prioritäten bei dem, was ihm wichtig ist.

Da hilft nur eines: Immer wieder miteinander reden und gemeinsam eine Lösung finden!

Partnerschaft lebt aber auch vom gemeinsamen Erleben, vom Spaß, den wir miteinander haben, und von den Glücksmomenten, die daraus entstehen. Etwas gemeinsam zu tun schweißt zusammen und lässt uns den anderen besser kennenlernen und verstehen.

Wo gibt es bei Ihnen zu Hause Gemeinsamkeiten? Am besten, Sie nehmen wieder ein Blatt Papier zu Hand und schreiben es auf. Wann nehmen Sie sich Zeit für gemeinschaftliche Aktivitäten und Rituale? Ist es das gemeinsame Frühstück oder das Abendessen? Ist es der Weg zum Kindergarten oder das gemeinsame Einkaufen? Wie sieht es aus mit einem abendlichen Ritual vor dem Schlafengehen, mit einem Wochenendausflug oder einfach mit einem Kuschelwochenende?

Wenn Sie aufgeschrieben haben, was Sie gemeinsam tun, dann fällt Ihnen vielleicht noch etwas ein, was Sie schon immer gerne machen wollten. Schreiben Sie es auf und besprechen es mit Ihren »Partnern!«

Probleme sind Herausforderungen

Probleme gibt es nicht nur in der Partnerschaft und in der Pubertät. Probleme gehören nun einmal zu unserem täglichen Leben. Die Frage ist nur, wie wir mit diesen Problemen umgehen. Manchmal stecken wir den Kopf in den Sand und fühlen uns einfach hilflos. Nicht immer haben wir die Zeit und den Mut zu hinterfragen, was genau das Problem ist und wie wir es – vielleicht zusammen mit anderen – lösen können. Aber es gibt immer einen Weg, meistens sogar mehrere. Wir müssen ihn nur finden und uns entscheiden.

Dazu eine kleine Geschichte aus meinem Kindergartenalltag:

Morgens um 7 Uhr waren meist nur wenige Kinder in der Kita. Fabian und sein Freund Marco waren oft die ersten Kinder und hatten so Gelegenheit, sich in Ruhe das auszusuchen, womit sie spielen wollten. Eines Morgens durfte Marco unserer Köchin beim Gurkenschälen helfen. Fabian stand bedrückt in der Tür und schaute mich an. Als ich ihn fragte, was los sei, antwortete er: »Ich möchte so gerne mit Marco spielen.«

»Und warum fragst du ihn nicht?«, wollte ich wissen.

»Vielleicht will er ja gar nicht«, sagte Fabian.

»Wenn du ihn nicht fragst, wirst du es nie wissen«, ermunterte ich ihn.

»Wenn er aber Nein sagt?«, fragte Fabian.

»Wenn er Nein sagt, kommst du wieder und holst dir etwas anderes zum Spielen.«

Fabian druckste erst herum und verschwand dann in der Küche. Kurze Zeit später stand er wieder im Raum. Er strahlte über das ganze Gesicht.

»Und, was hat er gesagt?«, erkundigte ich mich.

Aber das war für Fabian in diesem Moment nicht mehr so wichtig. Stolz verkündete er: »Ich habe mich getraut!«

Wenn wir uns trauen, ein Problem anzugehen – ohne Angst vor den Konsequenzen – macht uns das stark. Und egal wie es ausgeht, wenn wir etwas tun, sind wir die Handelnden und halten das Heft in der Hand. Und dieser Erfolg macht uns mutig.

Gönnen Sie Kindern ihre Erfolge und versuchen Sie nicht, die Probleme für sie zu lösen. Kinder sind oft viel ideenreicher, als wir glauben. Und wenn es mit der Problemlösung nicht klappt, können Sie immer noch gemeinsam überlegen. Lassen Sie sich von den Ideen der Kinder überraschen!

Qualität vor Quantität

Auch Eltern haben das Recht, gestresst oder schlecht gelaunt zu sein. Schließlich sind sie Menschen und keine Maschinen. Doch wie damit umgehen?

Es gibt Eltern, die ihre Gefühle verdrängen oder überhaupt nicht mehr wahrnehmen. Wenn die Kinder etwas von ihnen wollen, stehen sie meist sofort auf der Matte und erfüllen ihre Wünsche. Dabei kann es passieren, dass sie nicht ganz bei der Sache sind. Sie spielen zwar mit ihrem Kind, denken aber an den Einkauf, den sie noch machen müssen, oder an den Stress im Büro.

Weil Kinder sehr feinfühlig sind, merken sie schnell, wenn wir nicht präsent sind. Besser wäre es zu sagen: »Ich bin jetzt unheimlich müde und

möchte mich eine halbe Stunde ausruhen. Danach bin ich ganz für dich da.«
Oder: »Zuerst muss ich noch das Essen machen – aber wenn du möchtest,
kannst du mir gerne dabei helfen.«

Kinder mit einbeziehen in den Alltag – beim Einkaufen, beim Kochen,
beim Autowaschen oder bei der Gartenarbeit – das ist das Beste, was man
ihnen an Lernerfahrung bieten kann. Kinder freuen sich, wenn wir ihnen
etwas zutrauen. Sei es den Tisch decken, die Gurke schälen oder die Butter
aus dem Einkaufsregal holen. Die vierjährige Charlotte ist mächtig stolz,
wenn sie gemeinsam mit der Mutter »tuchen« darf. Gemeint ist natürlich
Staubwischen. Und manchmal sagt sie auch: »Ich glaube, ich muss hier mal
wieder besen.«

Es kommt nicht darauf an, wie viel Zeit wir mit unseren Kindern verbringen, sondern darauf, ob wir diese Zeit sinnvoll nutzen.

Dabei sind auch die vielen kleinen Momente der Zuwendung wichtig.
Kinder müssen spüren: Wir sind für sie da. Sie haben ein Recht darauf, dass
wir ihre Bedürfnisse erkennen, dass wir ihnen zuhören, dass wir Interesse
zeigen und sie ernst nehmen.

Das geht nicht, wenn das Handy eine zentrale Rolle in unserem Leben
spielt. Wenn die Mutter beim Stillen telefoniert. Oder wenn das Handy am
Ohr klebt, wenn die Kinder vom Kindergarten abgeholt werden. Wie muss
sich ein Kind fühlen, das ein beiläufiges »Hallo, mein Schatz« hört, und
dann nicht weiter wahrgenommen wird?

Ich und mein Handy – eine Unsitte, die sich eingeschlichen hat. Und viele
sind sich dessen gar nicht bewusst!

Auch wenn Eltern berufstätig sind, sollten zumindest der Beginn und
das Ende eines Tages harmonisch verlaufen. Bei Kindergartenkindern kann
man morgens mehr Zeit einplanen, um Konflikte und Stress zu vermeiden.
Und bei Schulkindern sollte abends schon alles für den nächsten Tag bereit-
stehen. Wenn morgens erst die Schulmappe gepackt und die Turnsachen
gesucht werden, ist Stress vorprogrammiert.

Und spätestens beim Schlafengehen sollen Kinder die Möglichkeit haben, über ihren Tag zu berichten. Aber auch das kann man nicht erzwingen.
Es gibt Kinder, die erst Tage später mit der Sprache herausrücken, egal ob

sie etwas bedrückt oder ob sie etwas Tolles erlebt haben. Eines geht aber immer: kuscheln und vorlesen. Oder Geschichten erzählen – am besten selbst ausgedachte.

Gönnen Sie sich und Ihrem Kind möglichst viele, schöne gemeinsame Zeiten. Das stärkt die Beziehung und erhöht die Lebensqualität!

Regeln, die sinnvoll sind

Warum brauchen wir überhaupt Regeln, wenn sich doch keiner daran hält? Oder besser gefragt: »Warum werden Regeln so oft nicht eingehalten?«

Ein Beispiel macht es für mich deutlich. Dort wo wir wohnen, gibt es eine wunderschöne Wegstrecke entlang der Havel. Ideal zum Spazierengehen, Radfahren oder Hundeausführen. Ein Schild weist darauf hin: »Rad fahren nicht erlaubt!« Nur – kaum einer hält sich daran. Manche ärgern sich und schimpfen auf die Radfahrer. Die meisten Radler stört das allerdings wenig – sie fahren einfach weiter. Sie hoffen darauf, nicht vom Ordnungsamt erwischt zu werden und Strafe zahlen zu müssen.

Dabei wäre alles so einfach. Die meisten Menschen fahren rücksichtsvoll und bedanken sich, wenn man als Fußgänger Platz macht. Ein Schild mit der Bitte um Rücksichtnahme würde also den gleichen Zweck erfüllen. Oder besser: Rücksichtnahme sollte selbstverständlich sein.

So geht es vielleicht auch Ihren Kindern, wenn sie den Sinn einer Regel nicht einsehen und diese dann umgehen – in der Hoffnung nicht erwischt zu werden. Regeln sollen das Zusammenleben leichter machen und nicht erschweren. Da Kinder aber keine kleinen Erwachsenen sind, muss man ihnen den Sinn der Regeln immer wieder erklären oder ihn selbst hinterfragen:

»Es gibt keine Süßigkeiten nach dem Zähneputzen, sonst werden die Zähne krank.« Eine Regel, die ein Kleinkind vielleicht noch nicht versteht, aber an die Sie sich selbst halten sollten. Unser Gehirn programmiert sich nämlich selbst. So wie wir eine Sprache erlernen, ohne bewusst die Grammatikregeln zu kennen. So festigt sich das, was wir regelmäßig tun, und geht automatisch in Fleisch und Blut über.

Bei Regeln, die für die Gesundheit und die Sicherheit des Kindes wichtig sind, sollten Sie also möglichst darauf achten, dass Sie eingehalten werden, sonst verunsichern Sie ihr Kind. Immer wieder erlebe ich, dass Eltern mit ihren Kleinkindern noch bei Rot über die Straße laufen. Sie glauben, die Kinder nehmen noch nicht wahr, was sie da gerade tun. Aber Kinder nehmen viel mehr auf, als wir uns vorstellen können.

Machen Sie sich bewusst, welche Regeln für Ihr Zusammenleben wichtig sind. Und erklären Sie Ihrem Kind ruhig und freundlich, warum Sie darauf bestehen. Ein Schulkind wird es wohl kaum stören, wenn es mit schmutzigen Schuhen durch die Wohnung läuft und die Sporttasche in die Ecke wirft. Wenn Sie ihm klarmachen, dass dies zusätzliche Arbeit für Sie bedeutet und Sie das nicht länger dulden, wird es sicher eher klappen, als wenn Sie es mit Schimpfen und Vorhaltungen versuchen.

Je kleiner Kinder sind, umso eher brauchen sie gewisse Regeln und *Regelmäßigkeiten,* die ihnen in ihrem Alltag Sicherheit und Struktur geben. Welche Regeln gibt es bei Ihnen zu Hause und welchen Sinn haben sie?

Vielleicht finden Sie sich in folgenden Anregungen wieder:
→ Wir stehen morgens zeitig auf, damit wir genug Zeit haben, um in Ruhe zu frühstücken und nicht hetzen müssen.
→ Wir putzen regelmäßig die Zähne.
→ Bei den Mahlzeiten bleiben wir am Tisch sitzen und benehmen uns so, dass alle in Ruhe und mit Genuss essen können.
→ Für den Umgang mit Fernsehen und Computer gibt es vereinbarte Regeln, die eingehalten werden.
→ Wir sind ehrlich zueinander und gehen rücksichtsvoll miteinander um. Keine Beleidigungen, kein Anschreien, keine Gewalt.
→ Wir gehen achtsam mit Dingen um und machen nichts mutwillig kaputt.
→ Wir lassen uns Zeit für ein abendliches Ritual – z. B. vorlesen, gemeinsam kuscheln, erzählen.

Erwarten Sie bitte nicht, dass Regeln, die besprochen und erklärt wurden, auch immer eingehalten werden. Wenn Ihnen eine Regel wichtig ist, müssen Sie schon am Ball bleiben und dürfen nicht genervt aufgeben. *Aber haben Sie auch Verständnis für Ihre Kinder und fragen Sie sich immer wieder: »Wem hilft diese Regel und ist sie noch sinnvoll?«*

Wenn Sie den Sinn Ihrer Regeln überprüfen möchten, dann schreiben Sie doch gemeinsam mit Ihrer Familie auf, welche Regeln es gibt und warum sie wichtig sind!

Machen Sie ein Spiel daraus: Jeder darf abwechselnd eine Regel vorbringen, die er gut findet, und eine, die er nicht mag. Lassen Sie sich von dem Ergebnis überraschen!

Reden ist Silber, Schweigen ist Gold?

Manchmal stimmt dieser Satz – aber eben nur manchmal. Wenn wir z. B. wütend sind und auf unsere Mitmenschen einen Redeschwall loslassen – auch noch gespickt mit Vorwürfen – dann wäre Schweigen besser gewesen. Entweder macht der andere dicht, oder es kommt zum Schlagabtausch und zum Machtkampf. In solchen Situationen sollten wir versuchen, den Mund zu halten und erst einmal unsere Gefühle zu sortieren.

Miteinander reden ist nicht mit Gold aufzuwiegen. Miteinander reden heißt: auch den anderen zu Wort kommen lassen, versuchen, ihn zu verstehen, nachfragen, Interesse zeigen. Zum miteinander Reden gehört auch das Zuhören. Denn nur, wenn ich auch zuhöre, kann ich erfahren, was der andere denkt oder fühlt.

Schon Babys kommunizieren mit ihren Eltern – lange bevor sie sprechen können. Wenn sie schreien, bedeutet das: »Hilf mir, es geht mir nicht gut!« Oder sie geben gurrende Laute von sich, wenn sie sich wohlfühlen. Und sie freuen sich, wenn sie verstanden werden, wenn sich jemand um sie kümmert, wenn sie merken: Ich werde nicht allein gelassen. Wenn ich schreie oder weine, hört mich jemand und reagiert auf mich.

Bei der Geburt meines Sohnes lag im Zimmer eine junge Mutter. Wenn ihr Baby zum Stillen gebracht wurde, legte sie es wortlos an die Brust und genauso wortlos gab sie es wieder in die Hände der Schwester. Es war keine Böswilligkeit, wahrscheinlich nur Unkenntnis oder Unsicherheit. Als sie mitbekam, dass ich beim Stillen leise mit meinem Kind sprach, dauerte es nicht lange und sie machte es nach. Erst zaghaft und dann immer sicherer. Schon vor der Geburt hören die Kleinen unsere Stimme. Und wenn wir mit ihnen sprechen, werden sie mit der Sprache und mit unserer Stimme vertraut. Sie entwickeln Selbstvertrauen, wenn sie später merken, dass sie verstanden werden. Wenn wir auf sie reagieren und versuchen, ihre Bedürfnisse zu stillen.

Reden Sie mit Ihren Kindern, so oft wie möglich. Aber lassen Sie auch die Kinder zu Wort kommen. Hören Sie zu und achten Sie darauf, ob sie verstanden werden.

Respekt beruht auf Gegenseitigkeit

Warum verhalten sich viele Kinder und Jugendliche anderen Menschen gegenüber respektlos, beschimpfen sie oder werden sogar gewalttätig? Vielleicht weil sie nie erlebt haben, wie man respektvoll miteinander umgeht. Wenn wir von unseren Kindern Respekt verlangen, müssen wir sie ebenfalls respektieren. Ihre Wünsche, ihre Eigenarten, ihr Temperament. Das ist nicht immer einfach und verlangt oft ein Überdenken der Situation: *Was braucht mein Kind gerade, was tut ihm gut, wie reagiere ich verständnisvoll auf sein Verhalten?*

Respekt darf nicht so weit gehen, wie im Fall einer jungen Mutter, die mitten im Winter von einem Polizisten angehalten wurde. Ihr Baby hatte außer einer Windel nichts an. Der Kommentar der Mutter: „Er wollte sich nicht anziehen lassen, und ich respektiere seine Persönlichkeit!" Je jünger Kinder sind, umso mehr brauchen sie unseren Schutz und unsere verständnisvolle und liebevolle Führung.

Was aber, wenn vonseiten des Kindes, trotz des respektvollen Umgangs miteinander, immer wieder Ausrutscher passieren? Wenn die dreijährige Tochter ihre Mutter anschreit: »Blöde Mama!« Wenn der fünfjährige Sohn um sich schlägt, weil er wütend ist?

Machen Sie sich bewusst – Kinder wollen uns nicht ärgern, verletzen oder terrorisieren. Hinter ihren Ausbrüchen und Aggressionen steckt immer eine Ursache: ein Wunsch, der nicht erfüllt wurde, ein Bedürfnis, dass nicht gestillt wurde, vielleicht auch einfach Übermüdung oder Unwohlsein. Und je kleiner Kinder sind, umso mehr brauchen sie unsere Hilfe, um ihre Gefühle zu regulieren und wieder mit sich und der Welt ins Reine zu kommen. Die Ärztin und Mutter Dr. Dunja Voos erklärt das in ihrem Buch »Kleine Kinder richtig verstehen« sehr deutlich und einfühlsam.

Haben Sie nicht auch schon in Ihrer Wut Dinge gesagt, die Ihnen sonst nie über die Lippen kommen? Der Grund war wahrscheinlich, dass Sie sich verletzt oder nicht verstanden gefühlt haben. Genauso geht es unseren Kindern. Wie aber sollen Eltern reagieren?

Manche Eltern versuchen, die Angelegenheit ins Lächerliche zu ziehen. Aber das hilft den Kindern überhaupt nicht. Sie fühlen sich nicht ernst genommen und reagieren vielleicht noch heftiger. Versuchen Sie, herauszufinden, was hinter dem Verhalten Ihres Kindes steckt. Das ist nicht immer einfach ist, und manchmal gelingt es auch nicht. Dem Kind hilft es oft schon, wenn Sie Verständnis zeigen und nicht noch mit ihm schimpfen oder es beschämen:
»Ich verstehe, dass du wütend bist, aber ich möchte nicht, dass du mich schlägst. Wir können darüber reden«, wäre vielleicht eine angemessene Reaktion auf die Attacke des Fünfjährigen. Machen Sie sich immer wieder bewusst, dass hinter einem aggressiven Verhalten Angst, Trauer, Wut oder andere Gefühle stecken können, die das Kind nicht immer benennen kann.

Auch älteren Kindern oder Jugendlichen, über deren Ausbrüche und negative Verhaltensweisen wir oft entsetzt sind, hilft es am meisten, wenn wir ihnen verständnisvoll begegnen. Das bedeutet nicht, dass wir ihr Verhalten tolerieren müssen.

Wir sollten uns aber klarmachen, dass auch diese Kinder ein Produkt ihrer Lebenserfahrungen sind. Sie brauchen Hilfe, um aus dem Teufelskreis von vielleicht negativen Erfahrungen und eigenem Verhalten wieder herauszufinden.

4. Das Beste zum Schluss von S bis Z

Selbstständigkeit – auf eigenen Füßen stehen

Es gibt Eltern, die tragen ihre Kinder auf Händen. Sie tun alles für sie und nehmen ihnen alles ab – auch ihre Eigenständigkeit. Die Kleinen werden angezogen und möglichst lange im Kinderwagen gefahren. Die Eltern lösen Konflikte für ihr Kind, statt gemeinsam mit ihm. Und machen womöglich noch seine Hausaufgaben.

Kinder sind von Natur aus neugierig, sie wollen die Welt erkunden und die Dinge erforschen. Wenn sie ständig daran gehindert werden, werden sie träge und unselbständig.

Der Neurobiologe Prof. Gerald Hüther hat das an einem einfachen Beispiel gut erklärt: Wildesel haben ein viel aktiveres Gehirn als Esel, die nur im Stall stehen. Sie werden nicht gefüttert, sondern müssen selbst nach Nahrung suchen und dabei gleichzeitig auf Gefahren achten.

Der Unterschied zwischen Eseln und Kindern ist, dass Kinder erst lernen müssen, Gefahren zu erkennen und einzuschätzen. Wir müssen aufpassen, dass sie auf ihren Entdeckungsreisen keinen Schaden nehmen. Es ist wichtig, die Wohnung kindersicher zu machen – Medikamente und Putzmittel außer Reichweite stellen, Treppen absichern. Gegenstände, die kaputt gehen oder dem Kind auf den Kopf fallen können, wenn es daran zieht, wegstellen. Und gerade kleinere Kinder immer im Auge behalten. Mütter sind oft so ins Gespräch vertieft, dass sie nicht merken, wie ihr kleiner Schatz auf Entdeckungsreise geht. Es dauert manchmal nur einen Bruchteil von Sekunden, bis die Kleinen um die Ecke verschwunden sind.

Die Kinder im Auge behalten, auf ihre Sicherheit achten, ihnen aber nicht alles abnehmen!

Kennen Sie das? Diesen ärgerlichen Ausruf ihres Kindes, wenn sie es füttern oder anziehen wollen? Es nimmt ihnen den Löffel oder die Strümpfe aus der Hand und sagt laut und bestimmt: »Alleine!« Wenn Sie es eilig haben, wird Sie der Wunsch Ihres Kindes nicht gerade begeistern. Sie sollten sich aber über seine Eigenständigkeit freuen. Planen Sie möglichst immer genügend Zeit ein. So können Sie unnötige Konflikte vermeiden.

Selbstständig zu werden, auf eigenen Füßen zu stehen – das ist ein langer Prozess. Kinder brauchen dabei immer wieder unsere Hilfe und Unterstützung.

Selbstvertrauen macht stark

Menschen mit Selbstvertrauen kommen leichter durchs Leben. Sie wissen, was sie wollen, und sie vertrauen darauf, dass sie stark genug sind, um für Probleme eine Lösung zu finden. Und meistens sind diese Menschen auch noch erfolgreicher. Aber woher kommt dieses Selbstvertrauen?

Wenn wir geboren werden, sind wir völlig hilflos und auf die Hilfe eines Erwachsenen angewiesen. Wenn Babys erfahren, dass feinfühlig mit ihnen umgegangen wird, dass sie umsorgt und geliebt werden, dann entwickelt sich bei ihnen ein Urvertrauen. Dafür ist es notwendig, dass sie eine sichere Bindung zu wenigen, dafür vertrauten Personen entwickeln können. In den meisten Fällen sind das Mutter oder Vater, es können aber auch die Großeltern oder eine Tagesmutter sein.

Diese liebevolle Bindung ermöglicht es dem Kind, sich gesund zu entwickeln und die Welt zu entdecken. Es weiß genau, dass es jederzeit in den sicheren Hafen zurückkehren kann und dort Trost, Schutz und Sicherheit bei der geliebten Person findet.

Wenn weiterhin liebevoll und einfühlsam mit ihm umgegangen wird, wenn es merkt, dass es etwas bewirken kann, wenn es Anerkennung findet – dann wächst sein Selbstvertrauen weiter und stabilisiert sich. Etwas bewirken können bedeutet:

→ Wenn ich schreie, hört man mich und reagiert darauf.
→ Wenn ich lächle, lächelt jemand zurück.
→ Wenn ich die ersten Schritte schaffe oder das erste Wort sage, freuen sich andere mit mir.

Es ist wichtig, dass Kinder auch später immer wieder erfahren: Ich kann das und die anderen sind stolz auf mich, weil ich etwas geschafft habe. Selbstvertrauen ist ein zartes Pflänzchen, das immer wieder gehegt und gepflegt werden muss.

Kinder, die nicht beachtet, ständig mit verletzenden Worten kritisiert, bestraft oder sogar geschlagen werden, entwickeln ein falsches Bild von sich selbst. Sie lernen, sich mit den Augen der Erwachsenen zu sehen, und glauben, nichts wert zu sein. Viele Erwachsene tragen noch heute einen inneren Kritiker mit sich herum, der sie immer wieder kleinmacht und auf Fehler hinweist – anstatt die Stärken zu beachten. Im schlimmsten Fall äußert sich das in Angstzuständen, Aggressionen und tiefer Niedergeschlagenheit.

Spiel und Spaß müssen sein

Tierkinder spielen und tollen, messen ihre Kräfte und gehen dabei auch manchmal den ausgewachsenen Tieren auf die Nerven. Sie trainieren dabei ihre Fähigkeiten und machen sich fit, um später überleben zu können.

Auch Kinder brauchen Spiel und Spaß, um ihre Fähigkeiten zu entwickeln. Sie lernen mit allen Sinnen, und je mehr Sinne beteiligt sind, umso mehr Verknüpfungen entstehen im Gehirn.

Schon bei ganz einfachen Dingen, zum Beispiel beim Bauen eines Turmes mit Bausteinen, werden viele Fähigkeiten trainiert: Feinmotorik, Koordination, Kreativität und das Verhalten bei Problemlösungen – bin ich wütend, wenn der Turm umfällt, oder baue ich in wieder auf?

Überlegen Sie doch einmal selbst: Was lernt ein Kind beim Malen, beim Rollenspiel, beim Puzzeln, beim Fahrradfahren, beim Vorlesen?

Finden Sie möglichst viele Spielsituationen und machen Sie einen Wettbewerb daraus, viele Fähigkeiten zu finden, die dabei trainiert werden. Aber schreiben Sie es auf, damit Sie immer wieder nachlesen können!

Und Spaß muss natürlich auch sein, weil dabei Glückshormone ausgeschüttet werden. Diese Glückshormone bewirken, dass wir immer mehr davon haben möchten.

Fazit: Was uns Spaß macht, tun wir immer wieder!

Was macht Ihnen und Ihrem Kind am meisten Spaß?
→ Gesellschaftsspiele
→ Rollenspiele
→ Bauen
→ Singen
→ Basteln
→ Vorlesen
→ Toben
→ Entdeckungsreisen beim Spaziergang
→ ins Schwimmbad oder auf den Spielplatz gehen ...

Sicher fällt Ihnen noch ganz viel ein, was Sie gemeinsam mit Ihrem Kind tun können. Eines ist sicher: **Wer Spaß hat, lernt leichter, schneller und nachhaltiger!**

Stress lass nach!

Stress ist heute fast schon zu einem Modewort geworden. »Ich habe Stress!«, hört man immer mehr Menschen stöhnen. Aber wie entsteht Stress, und warum empfinden Menschen Stresssituationen unterschiedlich?

Zum einen liegt es an unseren Genen. Es gibt Menschen, die weniger stark auf Stressreize reagieren als andere. Fatalerweise kann Dauerstress eine Genveränderung und somit eine höhere Stressempfindlichkeit auslösen. Diese höhere Stressempfindlichkeit kann dann auch wieder weitervererbt werden.

Stress entsteht, wenn wir eine Situation nicht einschätzen können und nicht unter Kontrolle haben. Wir stehen unter Zeitdruck und haben Angst, etwas nicht zu schaffen. Wir haben Streit mit unserem Partner oder mit den Kollegen und wissen nicht, wie wir uns verhalten sollen. Wir sind besorgt, weil unser Kind krank ist, oder wir sind wütend, weil wir im Moment sein Verhalten nicht verstehen.

Im Prinzip hat Stress auch heute noch die gleichen Verhaltensmuster zur Folge, wie in Urzeiten. Wenn der Säbelzahntiger auftaucht, droht Gefahr!

Stresshormone werden ausgeschüttet, das Denken ist blockiert und unser Unterbewusstsein übernimmt die Regie über unser Verhalten: Erstarren, Angriff oder Flucht!

Heute sind es viele kleine Säbelzahntiger, die uns das Leben schwermachen und unseren Körper dauernd in Alarmbereitschaft versetzen. Dieser Dauerstress macht krank. Er schwächt nicht nur unser Immunsystem und zeigt sich in vielen körperlichen Beschwerden, er kann auch reizbar, aggressiv oder depressiv machen. Oder unsere Konzentrationsfähigkeit und unser Denkvermögen werden gestört – was zu häufigen Fehlern führt und dadurch wiederum Stress verursacht. Ein Teufelskreis!

Wir sollten deshalb versuchen, immer wieder aus der Stressfalle herauszufinden. Was dem Einzelnen dabei guttut, ist sehr unterschiedlich. Bewegung ist wahrscheinlich eines der besten Mittel, um Stress abzubauen. Es muss nicht immer gleich Sport sein – ein flotter Gang um den Häuserblock hilft manchmal auch schon. Oder Sie legen sich eine CD ein und tanzen. Auch das befreit.

Gönnen Sie sich immer wieder Auszeiten und tanken Sie neue Energie!

Es gibt viele Möglichkeiten, für sich etwas Gutes zu tun. Finden Sie heraus, was Ihnen persönlich am meisten hilft:
→   bei einer Tasse Tee oder Kakao Musik hören
→   ein warmes Bad oder ein Saunabesuch
→   Yogaübungen oder Meditation
→   ein Tagebuch führen und sich alles von der Seele schreiben

Wichtig ist, herauszufinden, was jedem persönlich am besten hilft. Das ist nicht immer leicht, weil wir oft vom Alltagsgeschehen überrollt werden und keine Zeit mehr haben, über unsere Gefühle, unsere Bedürfnisse und unsere Wünsche nachzudenken.

Es gibt noch einen Grund, warum wir immer wieder Stress abbauen und gelassener werden sollten. Kinder haben sehr feine Antennen für unsere Stimmungen und unsere Gefühle, die sich dann auf sie übertragen. Manchmal entsteht daraus eine Negativspirale.

Die Ergebnisse der Bindungstheorie zeigen, dass wir bei Kindern die Anzeichen von Stress oft übersehen. Kinder sind noch empfindlicher und reagieren stärker auf negative Situationen als Erwachsene. Für ein Baby bedeutet es schon Stress, wenn niemand auf sein Schreien reagiert. Es fühlt sich einsam und verlassen – denn es weiß nicht, dass im Nebenraum Menschen sind, die sich kümmern werden. Was es nicht sieht oder hört, existiert nicht.

Kinder, die von fremden Personen betreut werden, ohne dass sie zu diesen eine emotionale Bindung aufbauen konnten, stehen ebenfalls unter Stress. Sie schreien, weinen oder werden manchmal auch ganz ruhig und in sich gekehrt. Letzteres deuten wir dann positiv, weil wir glauben, dass jetzt alles in Ordnung ist. Aber das stimmt nicht. Diese Kinder haben »dicht gemacht«, um sich vor seelischen Verletzungen zu schützen.

Stress in der Schule, Stress mit Freunden – auch Kinder haben immer wieder Stress und stehen unter Druck. Das vergessen wir manchmal. Und auch sie müssen die Möglichkeit haben, sich abzureagieren, ohne dass wir selbst gleich gereizt darauf reagieren.

Da hilft nur eines: ruhig bleiben, genau hinschauen und achtsam mit sich und den Kindern umgehen!

Temperamente und Talente

Wir alle wissen, wie unterschiedlich Menschen sind, und trotzdem glauben wir immer wieder, andere müssten genauso denken, fühlen und handeln wie wir. Der fußballbegeisterte Vater ist genervt, weil sein ruhiger Sohn lieber zu Hause bleibt, statt sich auf dem Fußballfeld mit anderen auszutoben. Und die sensible, zurückhaltende Mutter hat es schwer, ihrem lebhaften und eigenwilligen Kind Paroli zu bieten. Schwierig wird es auch, wenn Geschwister in ihrem Temperament und Verhalten sehr unterschiedlich sind. Das eine Kind fängt bei jeder Kleinigkeit an zu heulen und muss ermuntert werden, für sich einzustehen, das Geschwisterkind diskutiert ständig und versucht, seinen Willen durchzusetzen.

Das Temperament sagt etwas darüber aus, wie ein Mensch im Allgemeinen in einer Situation agiert oder reagiert. Im Temperament oder in den Charaktereigenschaften eines Menschen zeigt sich das Verhalten, das seiner Natur entspricht. Können Sie Ihre Kinder und Ihre Mitmenschen einschätzen und wissen Sie, wann es zu Konflikten kommt, weil unterschiedliche Eigenschaften aufeinanderprallen?

Hier eine kleine Auswahl von Anhaltspunkten, die Sie selbst weiter fortsetzen können.

Ist Ihr Kind eher:

→ lebhaft, gesprächig, fröhlich ... ?
→ oder willensstark, furchtlos, entschlossen ... ?
→ oder friedliebend, ordentlich, diplomatisch ... ?
→ oder verlässlich, selbstbewusst, kreativ ... ?

Wie schaffen wir es, mit unterschiedlichen Temperamenten umzugehen? Die Lösung klingt einfach und ist doch oft schwer umzusetzen: den Menschen so akzeptieren, wie er ist!

Wir dürfen Kinder nicht verbiegen. Dort, wo sie selbst entscheiden können, zum Beispiel in ihrer Freizeit, sollen sie das tun, was ihnen Spaß macht. Und ihr Temperament können wir auch nicht ändern. Wir können nur lernen, richtig darauf zu reagieren.

Genauso ist es mit den Talenten, den Begabungen eines Menschen. Eine Begabung ist eine Gabe, die uns in die Wiege gelegt wurde. Wenn sie nicht genutzt wird, verkümmert sie. Ein musikalisch begabtes Kind, das nicht gefördert wird, hat nichts von seinem Talent. Und ein musikalisch unbegabter Mensch kann zwar auch ein Instrument spielen lernen, aber er wird es nie bis zur Höchstform schaffen.

Ich glaube, meine hochmusikalische Mutter – sie spielte Klavier und Geige und hatte eine wunderbare Stimme – wusste, warum sie nicht darauf bestand, dass ich Klavier üben sollte. Und wenn ich meinem Sohn etwas vorsingen wollte, hat er schon mit drei Jahren gesagt: »Mama, hör auf!« Heute weiß ich, warum. Er ist sehr musikalisch und spielt wunderbar Trompete.

Das Temperament und das Talent eines Kindes erkennen und anerkennen, dafür braucht es die Aufmerksamkeit und Achtsamkeit der Eltern. Kennen Sie die Vorlieben und Talente Ihres Kindes? Was macht es gerne, was kann es gut?

Schreiben Sie auf, was Ihnen dazu einfällt, und beobachten Sie, ob Ihre Gedanken mit der Wirklichkeit übereinstimmen.

Tolerant sein – was es nicht bedeutet

Ist unsere Gesellschaft zu tolerant oder wird Toleranz oft nur missverstanden? Ist es Toleranz, wenn wir unseren Kindern alles erlauben? Den Fünfjährigen, so viel fernzusehen, wie sie möchten? Den Fünfzehnjährigen, so viel Alkohol zu trinken, wie sie meinen, vertragen zu können? Nein, das ist schlicht und einfach verantwortungslos und hat mit Toleranz nichts zu tun!

Toleranz ist nicht gleichbedeutend mit Nachgeben, sondern zeichnet sich durch den Respekt und die Anerkennung anderer Menschen, anderer Kulturen und anderer Glaubensrichtungen aus. Toleranz hört dort auf, wo die Grundrechte des Menschen missachtet werden, wo Gewalt im Spiel ist, wo die Sicherheit und die körperliche, seelische oder geistige Gesundheit unserer Kinder gefährdet sind. Dort sind Eltern gefragt, ihre Verantwortung den Kindern gegenüber wahrzunehmen.

Toleranz bedeutet auch, sich selbst gegenüber tolerant zu sein – zu sich selbst zu stehen, zu den eigenen Überzeugungen und Standpunkten, und sich nicht die Ansichten anderer aufzwingen zu lassen. Das bedeutet: Nicht nur selbst tolerant zu sein, sondern auch von anderen Toleranz einzufordern, wenn es angebracht ist.

Und somit wären wir wieder beim Thema Konflikte und Kommunikation. Wenn ich Zeitung lesen möchte und mein Kind möchte mit mir spielen, dann habe ich das Recht, ihm das zu erklären und Nein zu sagen. Wenn die Musik im Zimmer des Teenies auf Megalautstärke gestellt ist, muss ich das nicht so lange ertragen, bis ich vor Wut platze. Ich kann sofort intervenieren und freundlich bitten, die Musik leiser zu stellen. Viel zu oft glauben wir, anderen gegenüber tolerant und verständnisvoll sein zu müssen, und unterdrücken unsere eigenen Bedürfnisse und Meinungen. Aber Toleranz lebt von Klarheit, vom Austausch und vom fairen Umgang miteinander.

Nehmen Sie bitte wieder ein Blatt zur Hand und gönnen Sie sich ein paar Minuten Zeit: Wo haben Sie Toleranz missverstanden, weggeschaut und nicht klar und deutlich Stellung bezogen? Und wem gegenüber würden Sie gerne toleranter sein und ihn so akzeptieren, wie er ist? Wenn Sie etwas ändern möchten, dann nehmen Sie sich bitte nur eine Sache vor und fangen Sie an zu »üben«!

Trösten statt bedauern

Kinder orientieren sich an den Menschen, die sie lieben. Wenn kleine Kinder hinfallen oder sich wehtun, geht ihr Blick oft zur Mutter, um festzustellen, ob Weinen angesagt ist oder einfach Aufstehen. Ein Kind erkennt sofort den besorgten Blick und reagiert darauf, jedenfalls sehr oft. Wir machen manchmal den Fehler und laufen gerade bei kleineren Kindern erschreckt hinterher, um sie zu bedauern: »Oh, das tut aber weh, du tust mir ja so leid!« Erkennen Sie sich wieder?

Bei Jungen reagieren wir manchmal völlig anders – früher war es jedenfalls so. Da hieß es: »Jungen weinen nicht! Stell dich nicht so an, ein Indianer kennt keinen Schmerz.« Ist das die richtige Vorgehensweise oder was bedeutet Trösten wirklich?

Trösten bedeutet: den Schmerz anerkennen, die Trauer anerkennen, die Wut anerkennen und nicht versuchen, etwas schönzureden nach dem Motto: »Ist doch alles nicht so schlimm.« Wir können nicht beurteilen, wie schlimm etwas für ein Kind ist – egal, ob es vom Fahrrad gefallen ist, sich mit dem besten Freund gestritten oder die Lieblingspuppe verloren hat. Was wir tun können, ist: in den Arm nehmen, nachfragen, zuhören und Mut machen. Mut machen ist etwas anderes als »schönreden«.

Trösten und Mut machen könnte so aussehen: »Ich weiß, dass es wehtut, aber lass uns ein bisschen pusten – heute Abend ist alles besser.» Oder: »Komm, wir suchen deine Puppe, vielleicht finden wir sie wieder.« Und wenn wir selbst hilflos sind, können wir gemeinsam mit unseren Kindern eine Lösung suchen.

Bedauern heißt problemorientiert handeln – trösten heißt eine Lösung finden.

Noch ein anderes Beispiel fällt mir dazu ein. Die kleine Claudia war unendlich traurig, weil sie beim Krippenspiel nicht die Maria spielen durfte, sondern »nur« ein Schäfchen. Claudias Mama hätte sicher viele Möglichkeiten gehabt, darauf zu reagieren. Vielleicht: »Du bist doch noch so klein, Maria kannst du erst spielen, wenn du größer bist!« Oder: »Es kann doch nur eine die Maria spielen, andere Kinder möchten das bestimmt auch gerne.« Nein, Claudias Mama antwortete etwas ganz anderes: »Schäfchen sind doch auch wichtig!« Und schon war Claudia getröstet und stolz, dass sie ein Schäfchen sein durfte.

Diese Geschichte macht noch etwas anderes deutlich. Es ist gleich, welche Rolle wir im Leben spielen, welchen Platz wir in unserer Gesellschaft einnehmen und wie erfolgreich wir sind. Wir sind wichtig, denn jeder Mensch ist einzigartig und einmalig. Das sollten wir unseren Kindern immer wieder neu vermitteln!

Das Unterbewusstsein – dein Freund und Helfer

Alles, was wir erleben oder erfahren, ist in unserem Unterbewusstsein gespeichert. Und wie der Name schon sagt: Es befindet sich in einem Teil unseres Gehirns, für das uns der Schlüssel fehlt. Manchmal wünschen wir uns vielleicht, diesen Schlüssel in der Hand zu haben und uns an alles zu erinnern. Doch dann würde es uns so wie dem jungen Mann gehen, der nach einem Unfall für jeden einzelnen Tag seines Lebens abrufen konnte, was er gemacht hatte, was er anhatte, was er gegessen hatte. Nicht gerade eine erstrebenswerte Vorstellung.

Unser Unterbewusstsein ist in jedem Moment unseres Lebens aktiv. Blitzschnell vergleicht es unsere Erfahrungen mit der jeweiligen Situation. Wir handeln, ohne nachzudenken. Stellen Sie sich vor, Sie müssten erst überlegen, was zu tun ist, wenn ein Auto auf Sie zurast – Sie springen automatisch zur Seite. Unser Unterbewusstsein hilft uns also beim Überleben und bei der Lebensbewältigung. So weit die gute Nachricht. Aber jede Medaille hat zwei Seiten, und so gibt es auch eine weniger gute Nachricht:
Das Unterbewusstsein speichert auch alle Erfahrungen, die uns nicht guttun. Negative Erfahrungen, denen wir oft ausgesetzt waren, prägen auch heute noch unser Verhalten. Das können Gewalterfahrungen sein, Missbrauch, Kränkungen oder »nur« demotivierende Botschaften wie: »Du bist

ja doof!«, »Das schaffst du sowieso nicht!«, »Wie stellst du dich wieder an!«
Das sind die Botschaften, die uns behindern, die uns mutlos machen oder
in den Perfektionismus treiben. Wenn wir solche Botschaften immer wieder hören, brennen sie sich tief auf der Festplatte unseres Unterbewusst-
seins ein – und werden als wahre Glaubenssätze verinnerlicht. Schlimm ist,
dass wir diese Glaubenssätze gar nicht mehr bewusst wahrnehmen und sie
trotzdem unser Verhalten steuern. Ein Mensch, der ständig gekränkt und
kleingemacht wurde, wird im Leben andere Entscheidungen treffen als ein
selbstbewusster Mensch, der weiß, was in ihm steckt und der weiß, dass er
Krisen überwinden kann.

Sind wir also dem Schicksal hilflos ausgeliefert? Entscheiden wir gar
nicht selbst, sondern werden gesteuert, wie einige Hirnforscher uns glauben
machen wollen? Ganz so ist es nicht. Denn wir haben immer noch den Teil
des Gehirns, mit dem wir bewusst denken können. Und genauso, wie wir
schlechte Gewohnheiten ablegen können – was zugegebenermaßen nicht
leicht ist – können wir unser Unterbewusstsein umprogrammieren. Manchmal geschieht das in Hypnose: zur Raucherentwöhnung oder zur Überwin-
dung bestimmter Krankheiten.

Um das Unterbewusstsein neu programmieren zu können, müssen wir
erst einmal wissen, was wir möchten und was gut für uns ist. Viele Sportler
nutzen dazu das Mentaltraining und lassen vor ihrem geistigen Auge immer
wieder Bilder ablaufen, die sie zum Erfolg führen. Nikolaus Enkelmann bie-
tet auf seinen CDs ebenfalls Mentaltraining an und benutzt dafür die sug-
gestive Wirkung der Sprache. Natürlich gilt auch hier: „Einmal ist keinmal!"
Nur durch Wiederholung prägt sich etwas tief in uns ein und wird mit der
Zeit automatisiert.

*Wenn wir wissen, wie das Unterbewusstsein funktioniert, können wir un-
seren Kindern schon früh eine positive Prägung mitgeben. Wir können ihnen viele positive Gefühle vermitteln, sie ermutigen und ihnen zeigen, dass
wir sie lieben. Und wir können ihnen das Verhalten vorleben, das wir uns
von ihnen wünschen.*

Warum Kinder gute Vorbilder brauchen

Stellen Sie sich vor, Ihr Kind wäre mit einer Rundum-Kamera ausgestattet, die in jeder Sekunde nicht nur aufnimmt, was es sieht oder hört, sondern auch das speichert, was es fühlt, schmeckt und riecht. Eine Kamera der Sinne sozusagen. Eine Zukunftsvision? Nein, denn genau so funktioniert unser Unterbewusstsein.

In jeder Sekunde empfängt unser Gehirn über die einzelnen Sinneskanäle tausende, vielleicht sogar Millionen von Informationen. Bewusst können wir gleichzeitig nur ganz wenige Eindrücke verarbeiten. Ob es vier oder fünf sind oder mehr, darüber streiten sich die Wissenschaftler. Wahrscheinlich ist das auch von Mensch zu Mensch und je nach Situation verschieden.

Ist Ihnen jetzt klar geworden, warum gute Vorbilder so wichtig sind? Weil alles, was wir tun oder lassen, weil alles, was wir unseren Kindern vorleben, wie durch ein Computerprogramm gespeichert wird. Unser Gehirn programmiert sich quasi selbst. Ihr Kind registriert, wie Sie mit anderen Menschen umgehen, wie Sie Konflikte und Probleme lösen, ob Sie ehrlich sind und vieles mehr. Und daraus erstellt das Gehirn Regeln, so wie beim Sprachenlernen. Kinder übernehmen automatisch die Muttersprache, ohne die Grammatik zu kennen. Die Regeln dazu lernen sie erst viel später in der Schule.

Kinder lernen von den Menschen, zu denen sie eine emotionale Bindung haben. Oder einfacher ausgedrückt: Man lernt hauptsächlich von den Menschen, die man liebt. In den ersten Lebensjahren sind das in der Hauptsache die Eltern. Später kommen dann Lehrer, Freunde oder auch persönliche Vorbilder dazu. Deshalb ist es so wichtig, vor allem in den ersten Lebensjahren durch das positive Vorbild ein gutes Fundament zu schaffen. Auch wenn die Wirkung der Vorbildfunktion manchmal erst Jahre später einsetzt!

Wir lernen in jeder Sekunde unseres Lebens, auch wenn uns das nicht bewusst ist. Alles, was wir wahrnehmen, alle Eindrücke, die wir erfahren, hinterlassen Spuren in unserem Gehirn. Beeindrucken Sie Ihr Kind durch Ihr Vorbild und hinterlassen Sie wertvolle Spuren in seinem Unterbewusstsein!

Heinrich Thiersch wusste es schon im 19. Jahrhundert: Auf Kinder wirkt das Vorbild, nicht die Kritik!

Wo sind Sie ein Vorbild für Ihr Kind, und was kann es von Ihnen lernen?

Schreiben Sie es auf!

Warum Kinder Eltern brauchen, die Verantwortung übernehmen

Je jünger Kinder sind, umso mehr sind sie darauf angewiesen, dass Eltern die Verantwortung für den Schutz ihres Lebens übernehmen. Das beginnt schon während der Schwangerschaft. Wenn Eltern rauchen, Mütter Alkohol trinken oder sich ungesund ernähren, schaden sie dem Ungeborenen. Ebenso durch eine unvernünftige Lebensweise mit wenig Schlaf und viel Stress. All das kann sich bereits auf das ungeborene Leben negativ auswirken. Deshalb sind auch Väter oder andere Familienmitglieder in der Verantwortung, Mütter zu entlasten und zu unterstützen.

In den ersten Lebensjahren ist das Kind vollkommen auf die Menschen angewiesen, die es versorgen. Ohne sie würde es verhungern, verdursten oder erfrieren. Aber es braucht auch die seelische Geborgenheit, das Gefühl der Nestwärme, das Gefühl, geliebt zu werden. Erst mit den Jahren wird es zunehmend selbstständiger und lernt, was gut für es ist. Eltern müssen wissen, was einem Kind nützt oder schadet. Diese Verantwortung können und dürfen sie nicht an das Kind abgeben.

Manche Eltern glauben, Kinder würden schon das Richtige tun, wenn man sie alleine entscheiden ließe. Aber woher sollen Kinder wissen, dass sie Übergewicht bekommen, wenn sie sich ständig mit Süßigkeiten vollstopfen, oder dass es nicht gut für die Gesundheit und den Lernerfolg ist, wenn man zu wenig schläft? Kinder können zwar entscheiden, welches T-Shirt sie anziehen oder ob sie lieber auf den Spielplatz oder in den Wald gehen wollen. Aber sie brauchen die Verlässlichkeit der Eltern, die nicht zulassen, dass Kinder sich selbst schaden.

Ohne Konflikte geht das nicht, und es ist auch nicht immer leicht. Eltern brauchen starke Nerven, um freundlich und bestimmt, aber ohne Kränkungen und ohne Vorwürfe ihren Standpunkt zu vertreten. Wenn wir uns klarmachen, dass der Teil des Gehirns, den wir vielleicht mit dem Sitz unseres Verstandes beschreiben können, erst mit etwa zwanzig Jahren ausgereift ist – dann wissen wir, wie leicht selbst Jugendliche mit Entscheidungen überfordert sein können.

Verantwortung zu übernehmen bedeutet nicht, den Kindern alles abzunehmen. Schritt für Schritt müssen auch sie lernen, für das, was sie tun, Verantwortung zu tragen. Aber auch das ist ein langer Prozess.

Warum Vertrauen wichtig ist

Ohne Vertrauen kann kein Mensch leben. Wenn Sie das Vertrauen in sich selbst, in Ihre Fähigkeiten, in Ihre Zukunft verlieren – dann haben Sie sich aufgegeben. Vertrauen ist ein Grundgefühl unseres Lebens. Es hat etwas damit zu tun, sich zu trauen, sich etwas zuzutrauen. Wir werden im Leben immer wieder vor Probleme und Herausforderungen gestellt, die wir bewältigen müssen. Schon die negativen Nachrichten, die wir jeden Tag vorgesetzt bekommen, können uns Angst machen. Selbst dann, wenn wir nicht direkt davon betroffen sind.

Wenn wir das Vertrauen verlieren, mit einer Situation umgehen zu können, eine Krankheit zu überstehen, wieder einen neuen Job zu finden – dann werden wir teilnahmslos und nehmen unser Leben nicht mehr selbst in die Hand.

Kinder werden mit einem unerschütterlichen Urvertrauen geboren. Dieses Urvertrauen macht sie stark und hilft ihnen beim Überleben. Babys schreien so lange, bis jemand kommt und sich um sie kümmert. Und Kleinkinder stehen immer wieder auf, probieren zu laufen, und nichts auf der Welt kann sie daran hindern.

Aber dieses Urvertrauen kann auch leicht erschüttert werden. Wenn Babys bis zur Besinnungslosigkeit schreien müssen und keiner hört sie, wenn Kinder vernachlässigt und allein gelassen werden oder wenn sie immer wieder hören müssen, dass sie alles falsch machen, dann wird die starke Pflanze Urvertrauen mit der Zeit immer schwächer und schwächer. Das Gefühl der Selbstwirksamkeit erlischt.

Natürlich sollen wir nicht mit blindem Vertrauen durch die Welt laufen. Jedes Ding hat zwei Seiten, und zum Überleben brauchen wir auch ein gesundes Misstrauen – dort wo es angebracht ist. Aber ohne Vertrauen machen wir uns das Leben unnötig schwer.

Werden Sie ein vertrauensvoller Mensch und trauen Sie auch Ihren Kindern etwas zu, dann kann das Leben leichter gelingen!

Wünsche der Kinder

Kinder haben viele Wünsche – unendliche viele Wünsche! Das ist gut so, heißt aber nicht, dass wir jeden Wunsch erfüllen sollen. In unserer Überflussgesellschaft erfüllen wir oft eher die Wünsche unserer Kinder, statt auf ihre Bedürfnisse zu achten. Weil wir zu wenig Zeit für sie haben, glauben wir, dies mit materiellen Dingen ausgleichen zu müssen. Aber die Zeit und die Zuwendung, die wir Kindern vorenthalten, lassen sich nicht durch Konsum ersetzen.

Eltern sind nicht die Wunscherfüller ihrer Kinder und auch nicht ihr Servicepersonal. Oft meinen sie, alles für ihr Kind tun zu müssen, und stecken die eigenen Wünsche und Bedürfnisse zurück. Aber Kinder brauchen richtige Eltern, wie es der dänische Familientherapeut Jesper Juul ausdrückt. Er meint damit Eltern, die authentisch sind und ihre eigenen Bedürfnisse nicht verleugnen. Auf seiner DVD »Was erzieht wirklich« erzählt er von einer Familie, die unendlich viele Frühstücksprodukte für die zweijährige Tochter im Haus hat. Die Mutter fragt morgens, was die kleine Prinzessin zum Frühstück essen möchte. Wenn das dann nicht im Haus ist, muss Papa sich anziehen und zur Tankstelle fahren.

Natürlich schadet es nicht, wenn wir unsere Lieblinge manchmal verwöhnen oder ihnen Wünsche außer der Reihe erfüllen. Aber wir dürfen das dann nicht halbherzig tun. Vielleicht nur, weil wir fürchten, uns unbeliebt zu machen. Eltern tragen die Verantwortung für ihre Kinder, sie müssen wissen, was ihnen guttut und was ihnen eher schadet. Und sie tragen auch die Verantwortung für sich selbst. Wenn sie die eigenen Bedürfnisse und Wünsche immer wieder zurückstellen, werden sie irgendwann einmal unzufrieden. Und wenn es ihnen dann nicht gut geht, überträgt sich das auch auf die Kinder.

> *Wir können nicht immerzu für unsere Kinder da sein und alles für sie tun, auch wenn sie ständig unsere Aufmerksamkeit fordern. Alles zu seiner Zeit! Kinder verstehen das, wenn wir es ihnen liebevoll und verständlich sagen – ohne Vorwurf oder Ironie.*

Umgekehrt dürfen auch wir nicht von unseren Kindern erwarten, dass sie sofort springen, wenn wir etwas von ihnen verlangen. Auch sie haben ein Recht auf ihre eigene Meinung und ein Recht darauf, einfach mal in Ruhe gelassen zu werden.

Wut im Bauch

Gerade noch hatten Sie einen kleinen Sonnenschein an Ihrer Seite, doch plötzlich ziehen dunkle Gewitterwolken auf! Ihr kleiner Liebling möchte nicht das tun, was Sie ihm sagen, oder er ist wütend, weil Sie ihm einen Wunsch abschlagen. Womöglich passiert das Ganze auch noch im Supermarkt vor den Augen vieler Leute. Den meisten Eltern ist das dann furchtbar peinlich – sie glauben in der Erziehung versagt zu haben.

Aber keine Angst, es liegt nicht an Ihnen. Das sogenannte Trotzalter ist eine genauso schwierige Phase wie später die Pubertät. Kinder erkennen in dieser Zeit, dass sie einen eigenen Willen haben, und sie verstehen nicht, warum sie nicht sofort das bekommen, was sie möchten. Eine schwierige Zeit – für Eltern und für Kinder. Beide müssen sehen, wie sie diese Phase gut überstehen, die bei jedem Kind anders verläuft. Vielleicht können folgende Tipps dabei helfen:

> *Ihr Kind ist wütend, und Sie wissen nicht warum – was hilft?*
→ Ruhe bewahren ...
Machen Sie sich bewusst, dass Ihr Kind Sie nicht ärgern möchte, sondern mit seinen Gefühlen zu kämpfen hat.
Zeigen Sie Verständnis!
→ Eigene Gefühle wahrnehmen:
Kann ich auf das Bedürfnis meines Kindes eingehen?

Oder ist es notwendig, auf meinem Standpunkt zu bestehen?

→ Manchmal hilft Ablenkung:
Manchmal hilft es, dem Kind etwas zu zeigen, was spannend ist oder einen Alternativvorschlag zu machen. Oder verjagen Sie gemeinsam den Wutbär, indem sie fest mit den Füßen aufstampfen.

→ Auch ein »Nein« warmherzig vermitteln:
Schimpfen Sie nicht und machen Sie keine Vorwürfe. Wenn Sie den Wunsch Ihres Kindes nicht erfüllen können, sagen Sie ihm das mit freundlicher, aber fester Stimme. Oft hilft dabei auch Körperkontakt oder in den Arm nehmen.

→ Wenn nichts mehr geht:
Dann hilft meist nur noch eins, das Kind auf den Arm nehmen, ihm gut zureden und abwarten, bis es sich wieder beruhigt hat. Manchmal kann das sehr lange dauern!

→ Bleiben Sie ehrlich:
Wenn Sie wirklich wütend sind, hilft es nichts, dem Kind mit verkniffenem Lächeln gut zuzureden. Dann sagen Sie lieber klar und deutlich, dass Sie das Geschrei nicht mögen. Sonst kommt eine widersprüchliche Botschaft bei Ihrem kleinen Schreihals an.

Nehmen Sie Ihr Kind ernst. Wutanfälle kommen oft zeit- und personenversetzt. Es gab Ärger im Kindergarten, und erst zu Hause – bei den Personen, denen man vertraut – kann man alles »rauslassen«. Geht es Ihnen nicht manchmal auch so, dass Ihr Partner den Ärger abkriegt, den Sie mit den Kollegen hatten? Meistens sind wir uns dessen nicht einmal bewusst.

Gefühle sind stärker als der Verstand. Auch Erwachsenen fällt es nicht immer leicht, ihre Gefühle zu beherrschen. Kinder müssen das – wie alles im Leben – erst langsam und manchmal mühevoll lernen.

Wiederholung, Wiederholung, Wiederholung

Alles, was wir erleben oder tun, hinterlässt Spuren in unserem Gehirn. Alles, was wir oft tun oder oft erleben, verstärkt diese Spuren. Bei allem, was wir gut können, sind diese Spuren zu einer breiten Datenautobahn ausgebaut. Die Informationen können ungehindert fließen.

Sie haben Laufen gelernt und müssen nicht überlegen, wie Sie einen Fuß vor den anderen setzen. Sie haben Sprechen gelernt und reden einfach drauflos, ohne sich der Grammatikregeln bewusst zu sein. Auch alle Alltagsverrichtungen erledigen Sie vollautomatisch – ohne darüber nachzudenken. Damit das alles gelingt, braucht es Übung, Übung, Übung!

Ein kleines Kind lässt sich nicht davon abhalten, Laufen zu lernen – auch wenn es immer wieder hinfällt. Und es will sich unbedingt alleine anziehen – auch wenn es unendlich lange dauert. Es ist stolz darauf, etwas zu können, etwas bewirkt zu haben. Und wenn es bei den Erwachsenen Freude und Begeisterung sieht, dann verstärkt sich der Wunsch, weiterzumachen. Leider wird im späteren Leben diese Begeisterung oft zunichtegemacht. Kinder sind von Natur aus lernwillig und neugierig. Wenn Eltern, Erzieher und Lehrer es schaffen, diese Neugierde und Begeisterung am Leben zu erhalten, dann hat Lernen auch Erfolg. *Denn alles, was mit einem positiven Gefühl verbunden ist, wird viel leichter und schneller im Gehirn gespeichert und nicht so schnell vergessen.*

Deshalb macht es auch keinen Sinn, einem Kind etwas aufzuzwingen, was ihm keinen Spaß macht und was es nicht möchte: Klavier spielen, obwohl es an Musik keine Freude hat, oder Frühenglisch im Kindergarten, wenn es lieber spielen möchte. Das kann zur Quälerei werden und zum Frust über den ausbleibenden Erfolg. Frust für beide Seiten – für Eltern und Kinder.

Unser Gehirn mag positive Gefühle und versucht immer wieder, mehr davon zu bekommen – gleichgültig, ob es sich diese Gefühle über Erfolge, Essen, Computerspiele oder Drogen holt. Es ist wichtig, herauszufinden, was unseren Kindern Spaß macht, damit wir das Positive verstärken können. Als unser Sohn sechs Jahre alt war, hat er zwei leere Waschmittelbehälter und eine Keksbüchse mithilfe von Kochlöffeln zum Schlagzeug umfunktioniert. Weil er das immer wieder mit großer Begeisterung tat, fragten wir ihn, ob er gerne Schlagzeug spielen möchte. Leider – oder Gott sei Dank? – wurde Unterricht für Schlagzeug erst ab elf Jahren angeboten. Ein Jahr später entdeckte er bei seinem Cousin eine Trompete, und eine neue Leidenschaft war geweckt. Er hat zwar seine Liebe zur Musik nicht zum Beruf gemacht, aber noch heute spielt er begeistert Trompete – als Hobby und als Ausgleich zu seinem Beruf.

Lassen Sie sich von der Begeisterung Ihrer Kinder anstecken. Entdecken Sie gemeinsam, was Spaß macht. Unterstützen Sie Ihre Kinder bei dem, was sie gut können, dann werden sie auch unbequeme Wiederholungen leichter bewältigen!

X und Y – die großen Unbekannten

Das Leben ist ein Wagnis mit unbekanntem Ausgang. Wir können noch so viel planen und vorsorgen – was uns im Leben wirklich begegnet, können wir nicht vorhersehen. Es liegt aber an uns, wie wir mit Krisen, Krankheiten, Konflikten und Problemen umgehen. In unserer schnelllebigen Zeit sind Flexibilität, Kreativität, Selbstvertrauen und lösungsorientiertes Denken und Handeln gefragt. Wenn wir unseren Kindern diese Fähigkeiten mitgeben wollen, müssen wir gute Vorbilder sein, sie ermutigen und unterstützen.

Es gibt noch weitere unbekannte Faktoren im Leben. Das sind die Menschen selbst. Immer wieder haben Menschen versucht, das Verhalten ihrer Artgenossen zu verstehen und einzuordnen. Sie wollten wissen, warum der Mensch so ist, wie er ist. Auch wenn durch die Gehirnforschung und durch die Entschlüsselung der Gene schon vieles entdeckt wurde – ganz ist das Geheimnis Mensch noch nicht ergründet. Deshalb halte ich mich an den Satz, den der Individualpsychologe Alfred Adler gesagt haben soll: »Es kann aber auch alles ganz anders sein!«

Für mich bedeutet das: immer wieder die Dinge zu hinterfragen, versuchen, Zusammenhänge zu erkennen, und versuchen, die Verhaltensweisen von Menschen zu verstehen. Oder um es mit den Worten von Werner von Siemens auszudrücken: »*Es kommt nicht darauf an, mit dem Kopf durch die Wand zu rennen, sondern mit den Augen die Tür zu finden.*«

Das Gleiche gilt auch in Bezug auf unsere Kinder. Manchmal glauben wir, genau zu wissen, was mit unseren Kindern los ist. Urteilen Sie nicht vorschnell – ziehen Sie immer mehrere Möglichkeiten in Betracht!

Zeit als Luxusgut

Zeit ist relativ, das merken wir immer wieder. Schöne Stunden vergehen wie im Flug – aber wenn wir auf etwas warten, kann sich die Zeit endlos ausdehnen. Kinder haben noch kein Zeitgefühl. Ihnen fehlt die Erfahrung, um Zeit richtig einschätzen zu können. Was uns Erwachsenen übrigens auch oft so geht. Deshalb nerven Kinder immer wieder mit ihren Fragen: »Wann sind wir endlich da?«, »Wann kommt Oma?«, »Wie lange dauert es noch bis Weihnachten?«

Manchmal ist das Gefühl für Zeit auch überhaupt nicht vorhanden, zum Beispiel wenn wir etwas tun, was uns ganz in Anspruch nimmt, uns fasziniert oder in dem wir völlig aufgehen: ein spannendes Buch lesen oder uns einer Aufgabe hingebungsvoll widmen. Wenn wir ganz in einer Tätigkeit versinken, entspannt und mit uns völlig im Reinen sind – dann sind wir im sogenannten Flow, einem Zustand, der Glücksgefühle in uns auslöst und uns Zeit und Raum vergessen lässt.

Kinder sind noch oft in diesem Flow. Sie können stundenlang spielen und sich hingebungsvoll einer Sache widmen. Beneidenswert! Und dann kommen die »blöden« Eltern und fordern sie auf, sich schnell anzuziehen, weil sie es eilig haben. Oder sofort aufzuräumen und zum Essen zu kommen!

»Wenn du es eilig hast, gehe langsam!«, heißt es in einem chinesischen Sprichwort. In dieser Hinsicht können wir noch viel von unseren Kindern lernen: uns nicht aus der Ruhe bringen zu lassen, konzentriert zu arbeiten und nicht so zu hetzen. Das ist leichter gesagt als getan. Aber unseren Kindern können wir wenigstens manchmal ersparen, diese Hetzerei mitmachen zu müssen. Indem wir morgens etwas früher aufstehen, damit genügend Zeit »zum Trödeln« bleibt. Indem wir rechtzeitig ankündigen, wann es Essen gibt oder wann wir weg müssen. Dann können unsere Kinder sich darauf einstellen und ihr Spiel zu Ende bringen.

Aber was bedeutet Zeit für uns selbst? Stehen wir nicht zunehmend mehr unter Druck – als Familienmanager oder Managerin, mit unseren Ansprüchen im Beruf und in der Freizeit und mit unseren Ansprüchen an uns selbst? Oft geht es uns so, wie in der Geschichte von Alice im Wunderland, bei der die schwarze Königin Alice an die Hand nimmt und beide rennen und rennen, bis sie nicht mehr können. Als sie schließlich stehen bleiben, sind sie keinen Schritt weitergekommen. Auf die erstaunte Frage von Alice seufzt die Königin und antwortet: »Um weiterzukommen, muss man noch viel schneller rennen!«

Bevor auch Sie völlig außer Atem kommen – überlegen Sie, wo Sie sich Ihren Zeitluxus gönnen möchten: Zeit für sich selbst und Zeit für Ihre Familie. Es nützt keinem, wenn Sie völlig erschöpft sind. Wir alle brauchen Atempausen, um uns wieder zu regenerieren. Oft wollen wir zu viel machen und zu vieles perfekt. Vielleicht überlegen Sie einmal für sich oder mit Ihrem Partner, wo Sie Zeit sparen können, um Zeit zu gewinnen:

→ *Ich muss nicht alles alleine machen!* Gibt es Aufgaben zu Hause oder im Beruf, die anders verteilt werden können?

→ *Gibt es Dinge, die ich weglassen kann* – ohne dass es jemandem schadet? Muss ich wirklich so oft die Fenster putzen oder die Wäsche perfekt bügeln?

→ *Gerate ich oft in Freizeitstress,* weil ich alles mitmachen möchte oder Angst habe, etwas zu versäumen? Was kann ich ändern?

→ *Nehme ich mir Zeit für mich selbst und gemeinsame Zeiten mit meinem Partner?*

Der Experte für Zeitmanagement Prof. Lothar Seiwert fragt: »Wie viele Hüte haben Sie auf?« Er meint damit, wie viele Rollen Sie in Ihrem Leben spielen müssen – als Mutter oder Vater, als Sohn oder Tochter, als Hausfrau oder Hausmann, als Freund oder Freundin. Diese Reihe lässt sich unendlich fortsetzen, und es liegt an Ihnen, zu überlegen, welche Hüte Sie abgeben können oder wollen. Manchmal hilft es schon, manche Hüte zumindest nicht mehr so häufig aufzusetzen.

Einen Hut aber sollen und dürfen Sie nicht vernachlässigen: den Hut, der Ihr Kind betrifft. Es ist nicht so, dass Kinder unsere ständige Aufmerksamkeit brauchen, auch wenn sie diese manchmal einfordern. Aber wenn Kinder uns brauchen, sollten wir für sie da sein. Und manchmal können wir sogar Zeit sparen, wenn wir rechtzeitig Zeit investieren. Mir erging es jedenfalls so.

Unser Sohn war mit mir in derselben Kindertagesstätte, in der ich als Leiterin tätig war. Ich wollte ihn – völlig kopflastig – nicht anderen Kindern gegenüber bevorzugen. Aber Kinder handeln nun einmal nach dem Motto: Meine Mama gehört mir! Als er drei oder vier Jahre alt war, gab es deshalb immer wieder Konflikte. Bis eine erfahrene Kollegin mich ansprach und meinte »Nimm ihn doch einfach fünf Minuten in den Arm, und du ersparst dir eine Viertelstunde Ärger.« Wie wahr! Es hat wunderbar funktioniert, und Mutter und Kind waren wieder glücklich.

Schon der französische Philosoph Jean-Jacques Rousseau wusste es: »*Bei der Kindererziehung kann man nur Zeit gewinnen, wenn man Zeit investiert!*«

Zuwendung und Zärtlichkeit

Ohne Zuwendung kann kein Mensch überleben. Das Experiment des Stauferkaisers Friedrich II. hat das deutlich gezeigt. Um herauszufinden, welche Sprache Menschen »von Natur aus« sprechen, hatte er Kinder in die Obhut von Ammen gegeben und diesen verboten, mit den Kindern zu reden. Sie wurden lediglich versorgt: gefüttert, gewaschen, gewickelt und wieder in die Wiege gelegt. Was passierte? Die Kinder verkümmerten elend und starben!

Kinder brauchen Wärme, Schutz, Geborgenheit und Resonanz auf ihre Bemühungen. Wenn diese Bemühungen scheitern, weil wir ihre Signale nicht beachten, verlieren sie jegliches Interesse an der Umwelt und gehen zugrunde. Sie brauchen Zuwendung und Zärtlichkeit! Wenn wir sie in den Arm nehmen und streicheln, wird das »Kuschelhormon« Oxytocin ausgeschüttet. Dieses Hormon baut Ängste und Stress ab und erzeugt Vertrauen. Nicht umsonst genießen wir eine entspannende Massage und fühlen uns danach glücklich und zufrieden. Oxytocin wird auch schon bei der Geburt ausgeschüttet und festigt die Bindung zwischen Mutter und Kind. Auch beim Stillen gibt es verstärkt Hormonschübe. Ebenso beim Orgasmus. Deshalb wird Oxytocin auch das »Liebes- oder Treuehormon« genannt.

Warum ich Ihnen das erzähle? Um bewusst zu machen, warum Zuwendung und Zärtlichkeit für Kinder und auch für erwachsene Menschen so wichtig sind. Natürlich wissen wir das, auch ohne die Erkenntnisse aus Wissenschaft und Forschung. Aber wenn wir gestresst sind oder keine Zeit haben, vergessen wir es leicht. Und gerade dann kann es uns helfen: Durch

Zuwendung und Zärtlichkeit können wir Kinder beruhigen und entspannen, Ängste abbauen und die Beziehung festigen. Und das funktioniert nicht nur bei Kindern!

Haben Sie heute schon gekuschelt?

Zukunftsaussichten: Jeder ist gefragt

Jeden Tag werden wir mit Horror-Nachrichten überschüttet, die uns Angst machen: Klimawandel, Weltwirtschaftskrise, Katastrophen und Terroranschläge, die Ausbreitung von Krankheiten und vieles mehr. Manchmal fühlen wir uns dabei völlig ausgeliefert und haben ein düsteres Zukunftsszenario vor Augen. Aber Angst hilft uns nicht weiter, im Gegenteil – wer sich ständig mit Ängsten herumplagt, verliert den klaren Blick und wird anfällig für Krankheiten.

Vielleicht kann uns ein Blick in die Vergangenheit ein bisschen mehr Zuversicht schenken? Es gibt in unserem Land Menschen, die haben einen oder sogar zwei Weltkriege überstanden und leben heute glücklich und zufrieden. Viele Menschen verlieren trotz schwerer Krankheit nicht ihren Lebensmut – manchmal gehen sie sogar gestärkt und mit neuen Perspektiven daraus hervor. Und wenn vor 100 Jahren die Ernte vernichtet wurde, drohte den Menschen der Hungertod oder sie entschlossen sich auszuwandern.

Es ist eine Frage der Einstellung, wie wir mit kleinen und großen Krisen umgehen. Auch kleine Krisen – der ständige Stress im Job oder der Dauerstreit in der Familie – können uns krank und kaputt machen, wenn wir uns nicht damit auseinandersetzen, was wir selbst tun können und wer uns helfen kann. Wenn es uns schlecht geht, hilft es, nach Lösungen zu suchen und nicht die Augen zu verschließen. Das können wir nur, wenn wir ruhig bleiben und nicht in Panik verfallen. Die Geschichte der Evolution zeigt es: Nicht immer haben die Stärksten überlebt, sondern die Lebewesen, die flexibel waren und sich veränderten Bedingungen anpassen konnten. Sie haben nicht nur überlebt, sie haben sich dabei auch weiterentwickelt.

Unsere Welt verändert sich ständig. Wir haben nur wenig Kontrolle darüber und wissen nicht, wie wir damit umgehen sollen. Das erzeugt Angst und führt zur Ausschüttung von Stresshormonen. Wenn wir keine Lösung finden, wandelt sich die Angst um in Verzweiflung, Hilflosigkeit, Wut oder Hass. Wird daraus ein Dauerzustand, blockieren die Stresshormone nicht nur unser Denken, sie schwächen auch unseren Körper, schaden unserer Seele und verursachen Krankheiten – bis hin zu einem tödlichen Ausgang. Das Schlimme daran ist: Die Vorstellungskraft des Menschen ist so groß, dass alleine schon das ständige Denken an Katastrophen zur Ausschüttung von Stresshormonen führen kann, mit allen negativen Folgen. Wenn wir uns immer nur Sorgen machen, ändern wir nichts – höchstens uns selbst und zwar im negativen Sinn.

Es gibt aber auch eine gute Nachricht: Wenn wir eine Lösung für ein Problem gefunden haben, wenn wir eine Krankheit oder eine Krise überstanden haben, dann wandelt sich das Gefühl der Angst um in Erleichterung, Freude, Stolz, Dankbarkeit. Je mehr solcher Erfolgserlebnisse wir haben, umso zuversichtlicher und stärker fühlen wir uns. Nicht umsonst heißt es: Was uns nicht umwirft, macht uns stark! Wenn Sie noch mehr darüber wissen wollen, wie aus Stress Gefühle werden, dann lesen Sie das Buch des Neurobiologen Prof. Gerald Hüther, »Biologie der Angst«. Es ist wunderbar und verständlich geschrieben.

Und noch etwas ist tröstlich: Gute Beziehungen zu anderen Menschen, denen wir vertrauen, können uns die Angst nehmen. Schon der Gedanke, dass diese Menschen für uns da sind, uns zuhören, in den Arm nehmen, uns Mut machen, kann uns weiterhelfen. Viele Menschen finden diesen Halt auch in ihrem Glauben.

Es ist schon eine fantastische Sache, wie unser Gehirn funktioniert. Und wenn negatives Denken solche Auswirkungen haben kann – wie sieht es dann mit der positiven Beeinflussung unseres Denkapparates aus? Sportler nutzen die Macht des Mentaltrainings, um sich auf einen Wettkampf vorzubereiten. Immer und immer wieder lassen sie die bevorstehende Situation vor ihrem geistigen Auge ablaufen und sind so gut darauf vorbereitet. Dabei planen sie durchaus auch Unvorhergesehenes mit ein: Wo könnten Schwierigkeiten auftauchen, was mache ich, wenn ...?

Zukunftsangst ist nicht grundsätzlich negativ. Es gibt die Geschichte von dem Neandertaler, der arglos und fröhlich durch die Steppe streift und den vor ihm stehenden Säbelzahntiger übersieht. Das war's dann auch! Nein, so blauäugig dürfen wir nicht durch die Welt laufen, sonst werden auch wir aussterben. Was aber können wir tun?

Wir können versuchen, achtsam und umsichtig mit uns selbst, mit unseren Kindern, mit anderen Menschen und mit der Umwelt umzugehen – womit wir wieder am Anfang dieses Buches wären. Wenn jeder nur ein kleines bisschen mehr auf die Umwelt achtet, können wir unser Ökosystem positiv beeinflussen. Wenn jeder nur ein kleines bisschen mehr auf seine Gesundheit achtet, tut ihm das nicht nur selbst gut, sondern entlastet unser gesamtes Gesundheitswesen. Wenn jeder nur ein kleines bisschen mehr auf seine Nachbarn achtet, auf das, was in Familien, Schulen und Kindergärten passiert – der stärkt unser soziales Netz und verhindert, dass noch mehr Menschen durch dieses Netz fallen:

»Viele kleine Schritte, die viele kleine Menschen an vielen kleinen Orten tun, können das Bild der Welt verändern!« (afrikanisches Sprichwort)

Ob sich dieses Bild unserer Welt zum Negativen oder zum Positiven ändert – das liegt an jedem Einzelnen von uns. Auch kleine Veränderungen wirken sich nachhaltig auf uns und auf unser Leben aus. Packen wir es an!

Sagen Sie Ja zum Leben! Nehmen Sie Ihre Kinder an die Hand und wagen mit ihnen den Schritt in das Abenteuer Zukunft.

Was ich sonst noch sagen wollte

Diesen Anhang habe ich geschrieben, weil er spezielle Probleme anspricht, die nicht alle Eltern betreffen. Trotzdem ist es immer gut, über etwas Bescheid zu wissen. Vielleicht können Sie dazu beitragen, anderen Eltern zu helfen und ihnen Anregungen zu geben. Ein afrikanisches Sprichwort lautet: *»Es braucht ein ganzes Dorf um ein Kind zu erziehen!«*

Leider ist diese Dorfgemeinschaft in ihrer Ursprünglichkeit nicht mehr vorhanden – aber wir alle können Netzwerke bilden, um unsere und andere Kinder darin aufzufangen. Jeder ist gefragt. Wir müssen uns einmischen und dürfen nicht aus Bequemlichkeit oder Angst die Augen verschließen.

Schreibabys

Warum es immer mehr Schreibabys gibt, weiß niemand genau. Vermutet wird Stress in der Schwangerschaft und eine zunehmende Reizüberflutung. Oder wie es einmal ein Kinderarzt gesagt hat: »Ihr Kind hat einfach Weltschmerz.« Es ist ja auch eine große Umstellung für so ein kleines Wesen, aus seiner warmen, weichen und sicheren Höhle hinaus ins grelle Licht des Lebens geworfen zu werden. Es ist verständlich, dass es sich zurücksehnt in die Geborgenheit. Aber das ist schon seit Anbeginn der Welt so. Liegt es vielleicht an der Unsicherheit vieler Eltern, an dem Wunsch, alles richtig zu machen? Übertragen sie diesen Stress auf ihre Kinder?

Auch wenn wir dieses kleine Wesen über alles lieben – jeder Mensch hat nur ein begrenztes Maß an Nervenstärke. Wir sollten nicht warten, bis unsere Nerven blank liegen. Wenn Babys immer wieder schreien – ohne dass wir den Grund herausfinden können, dann ist zuerst einmal der Kinderarzt gefragt, um Krankheiten auszuschließen. Und es gibt in jeder größeren Stadt Schreiambulanzen, die professionelle Hilfe anbieten.

Was Eltern selbst versuchen können, finden Sie zum Beispiel im Elternnetz. Dort steht unter anderem:

→ Sprechen Sie ruhig mit Ihrem Baby, singen Sie ihm leise etwas vor, massieren Sie es sanft.

→ Legen Sie Ihr Baby auf Ihren nackten Oberkörper, der Körperkontakt wirkt oft ungeheuer beruhigend auf das Kind.

→ Lassen Sie das Baby von jemand anderen halten – manchmal wirkt das Wunder.

→ Legen Sie Ihr Baby beim ersten Anzeichen von Müdigkeit ins Bett. Damit kann manche Schreiattacke rechtzeitig aufgefangen werden.

Vielleicht können Sie sich gemeinsam mit dem Baby hinlegen. So kommen auch Sie zur Ruhe und können Stress abbauen. Gerade Mütter haben Ruhe oft dringend nötig!

Das Schreien eines Babys ist seine einzige Möglichkeit, sich mitzuteilen – zu signalisieren, dass es sich unwohl fühlt, dass es ihm nicht gut geht. Und es gibt unzählige Gründe dafür, die wir herausfinden müssen: Hunger, Durst, Schmerzen, eine nasse Windel. Oder zu viel Lärm und zu grelles Licht. Vielleicht ist ihm zu heiß oder zu kalt, es langweilt sich oder ist überfordert.

Schon das »normale« Schreien eines Kindes ist für Eltern schwer auszuhalten. Wenn sie durch Dauerschreien unter Stress stehen, überträgt sich dieses Gefühl, und eine Negativspirale wird in Gang gesetzt.

Warten Sie nicht zu lange – holen Sie sich Hilfe!

Fremdbetreuung – Krippe, Kindergarten, Schule, Internat ...

Früher oder später, irgendwann müssen wir uns von unseren kleinen Lieblingen trennen, zumindest zeitweise. Spätestens, wenn sie zur Schule gehen, beginnt für alle ein neuer Lebensabschnitt. Für viele fängt diese Zeit schon viel früher an: dann, wenn beide Eltern wieder arbeiten wollen oder müssen. Diese Entscheidung kann Ihnen keiner abnehmen. Aber wenn Sie Ihr Kind von anderen Menschen betreuen lassen, sollten Sie aufmerksam sein und nach der bestmöglichen Lösung suchen.

Je jünger Kinder sind, umso schwieriger ist es, Menschen zu finden, die in Ihrem Sinne agieren und zu denen Ihr Kind eine Beziehung aufbauen kann. Sie müssen ein gutes Gefühl haben und diesen Menschen vertrauen können – alles andere ist zweitrangig. Ob Sie teures Geld für eine Elite-Einrichtung bezahlen, ob Ihnen ein tolles Konzept mit Frühenglisch und musikalischer Förderung vorgelegt wird – wenn Sie sich nicht wohlfühlen, übertragen Sie dieses Gefühl auf Ihr Kind, und dann nützt auch das beste Angebot nichts.

Aber was ist das beste Angebot? Was brauchen Kinder, damit es ihnen gut geht und damit sie sich entfalten können? Sie brauchen Sicherheit und das Gefühl, angenommen zu werden. Deshalb ist die Eingewöhnungszeit auch so wichtig. Das gilt auch, wenn ein Kind von der Tagesmutter in eine andere Einrichtung wechselt. Viele Eltern machen sich darüber wenig Gedanken. Sie glauben, Kinder freuen sich, mit anderen Kindern zu spielen. Und sie sind ja schon daran gewöhnt, von fremden Menschen betreut zu werden. Schließlich schlafen sie auch immer mal wieder bei den Großeltern. Da gibt es bestimmt keine Probleme, sich den ganzen Tag über bei anderen Menschen aufzuhalten. Aber jede Situation ist für das Kind neu und braucht eine einfühlsame Eingewöhnung.

Es ist noch gar nicht so lange her, da waren Eltern froh, überhaupt einen Platz in einer Kindertagesstätte zu bekommen. Die wenigsten dachten darüber nach, ob diese Einrichtung die richtige für ihr Kind ist. Und sie konnten es auch gar nicht kontrollieren. Die Kinder wurden morgens abgegeben und abends wieder abgeholt. Einblicke in die tägliche Arbeit mit den Kindern gab es nicht. Zeitweise durften Eltern aus hygienischen Gründen noch nicht einmal die Gruppenräume betreten. Die Übergabe war kurz und schmerzlos. Das brüllende Kind wechselte vom Arm der Mutter auf den Arm der Erzieherin. Tür zu und tschüss! Schmerzlos war das bestimmt nicht, weder für die Mutter noch für das Kind.

Natürlich gibt es auch heute noch Situationen, in denen Kinder trotz guter Eingewöhnung unter Trennungsschmerz leiden – auch wenn sie sich in der Einrichtung wohlfühlen. Wer möchte denn nicht manchmal selbst lieber zu Hause bleiben, obwohl ihm seine Arbeit Spaß macht? In diesen Fällen habe ich die Mütter gebeten, nach einer Viertelstunde anzurufen und nachzufragen. Denn wenn Kinder während der Eingewöhnung genügend Zeit haben, eine gute Beziehung zu ihrer Betreuerin oder ihrem Betreuer aufzubauen, dann lassen sie sich auch innerhalb kurzer Zeit trösten. Und Eltern können sich wieder auf ihre Arbeit konzentrieren, wenn Sie wissen, dass es ihrem Liebling gut geht.

Was Kinder also brauchen, ist Zeit. Zeit, sich an die neue Situation zu gewöhnen. Während der Eingewöhnung bedeutet das, immer wieder in den sicheren Hafen der Mutter einlaufen zu können – so lange, bis sie eine vertrauensvolle Bindung zu der neuen Bezugsperson aufgebaut haben. Und sie brauchen die Möglichkeit, sich in ihrem eigenen Tempo zu entfalten. Wenn genügend Angebote vor Ort sind und die Kinder sich selbst entscheiden können, ob sie bauen, malen, kneten oder im Garten nach Käfern suchen möchten, dann werden sie sich das aussuchen, was ihnen Spaß macht. Und wer Spaß hat und aus eigenem Antrieb etwas tut, lernt leichter und nachhaltiger. Wenn dann noch spannende Angebote von außen dazukommen, bei denen Kinder selbst agieren und erforschen können, dann ist die Sache perfekt.

Heute besteht in jeder Einrichtung die Möglichkeit eines Besuchstages. Hier können Sie am besten herausfinden, ob es passt. Sie merken, wie Kinder und Erzieher miteinander umgehen, ob die Konzeption nur eine leere Hülle ist oder auch gelebt wird und welche Atmosphäre im Team herrscht. Es ist auch wichtig, dass Kinder genügend Möglichkeiten haben, sich zu bewegen – vor allem draußen und bei jedem Wetter. Und eine gute Einrichtung achtet auf die Sicherheit der Kinder und auf eine gesunde Ernährung. Das muss nicht unbedingt Bioware sein.

»Augen auf und selber denken«, heißt es in diesem Fall. Das bedeutet, zu schauen, was Ihnen wichtig ist und was Ihrem Kind guttut.

Wenn es um die Schule für Ihr Kind geht, dann spielen natürlich noch andere Kriterien eine Rolle: das Lernkonzept, die Räumlichkeiten, ob die Schule in Ihrem Wohnumfeld liegt und Ihr Kind hier vielleicht mit seinen Freunden zusammenbleiben kann. Das Wichtigste aber ist, es muss für Sie und für Ihr Kind passen und darf nicht völlig konträr zu Ihren Vorstellungen laufen. Also machen Sie sich frühzeitig auf den Weg, nehmen Sie sich Zeit, schauen Sie sich verschiedene Einrichtungen oder Schulen an und treffen Sie dann eine Entscheidung.

Wenn Sie sich entschieden haben, versuchen Sie bitte, Probleme oder Wünsche immer offen und möglichst zeitnah, ohne Vorwurf anzusprechen. Es geht nicht darum, einen Kampf zu gewinnen, sondern gemeinsam Lösungen für ein Problem zu finden. Vielleicht auch gemeinsam mit anderen Eltern.

Noch ein kurzes Wort zum Thema Internat. Die Frage ist: Besteht eine Notwendigkeit – zum Beispiel weil Eltern oft auf Reisen sind und wenig Zeit haben? Oder ist es der Wunsch des Kindes? Wenn Eltern ihre Kinder nur aufs Internat schicken, damit sie eine bessere Förderung erhalten, kann das ziemlich danebengehen. Kinder können sich dann abgeschoben oder nicht geliebt fühlen. Außerdem ist ein Internat nicht für jedes Kind das Optimale. Es gibt Kinder, die blühen in der Gemeinschaft regelrecht auf, andere fühlen sich dort äußerst unwohl. Kommt der Wunsch allerdings vom Kind selbst, müssen Sie als Eltern entscheiden. Wollen wir das? Können wir uns das leisten? Und ist der Wunsch des Kindes nur aus einer Laune heraus entstanden oder würde es ihm wirklich guttun?

Da hilft wieder nur eines: *Zuhören, informieren und miteinander reden!*

Vom »Anderssein« – ADHS, Hochbegabung, Autismus

Der Frankfurter Arzt Dr. Heinrich Hoffmann schrieb 1844 ein Kinderbuch für seinen damals dreijährigen Sohn. »Der Struwwelpeter« ist sicherlich vielen bekannt. Heute vermutet man, dass in der Geschichte vom Zappelphillipp, der alles vom Tisch reißt, das Verhalten eines Kindes mit ADHS beschrieben wurde.

ADHS bezeichnet eine Aufmerksamkeitsdefizitstörung mit Hyperaktivität. ADS eine Störung in der Aufmerksamkeit ohne Hyperaktivität. Letztere wird oft nicht erkannt, da die damit verbundenen Probleme weniger auffällig sind.

Nicht jedes unruhige oder temperamentvolle Kind leidet unter ADHS. Und auch nicht jeder, der verträumt und unaufmerksam durch die Welt läuft, hat ADS. Oft wird eine Diagnose ohne ausreichende und ausführliche Untersuchung gestellt, und es werden zu schnell Medikamente verschrieben.

Die Diagnose ADHS gibt es bei uns erst seit etwa 20 Jahren. Immer noch streiten sich die Wissenschaftler über Ursachen, Diagnose und Therapien. Und auch die Problematik kann sehr unterschiedlich sein, da jedes Kind anders ist. Als Ursache für ADHS wird unter anderem eine Störung der

Signalübertragung im Gehirn angenommen. Es entsteht eine Reizoffenheit, bei der die Reize ungefiltert einstürmen und nicht richtig verarbeitet werden können. Es fällt ADHS-Kindern schwer, die verschiedenen Reize zu filtern. Für sie sind die Worte der Lehrerin genauso wichtig, wie der Baum vor dem Fenster, und gleichzeitig hören sie das Rascheln des Papiers aus der hintersten Reihe.

Beim Sprechen scheint dieses Filtersystem ebenso durchlässig zu sein. Cordula Neuhaus, die Autorin des Buches »Das hyperaktive Kind und seine Probleme«, hat es so beschrieben: Manchmal haben diese Kinder »Sprechdurchfall«. Das kann auch dazu führen, dass sie uns mit den übelsten Worten beschimpfen. Wir dürfen das nicht persönlich nehmen und sollten einfach darüber hinweg hören. Sie empfiehlt, sich beim Umgang mit ADHS-Kindern, eine »Balu-Mentalität« anzueignen, wie sie Balu, der Bär in der Disney-Verfilmung des Dschungelbuchs, an den Tag legt. Nach dem Motto: »Versuch's mal mit Gemütlichkeit.«

Für mich ist es in erster Linie wichtig, dass wir versuchen, diese Kinder zu verstehen, und lernen, mit ihnen umzugehen. Sie brauchen – so früh wie möglich – Unterstützung. Und auch die Eltern brauchen Hilfe. Damit meine ich nicht die schnelle Verschreibung von Medikamenten, sondern Maßnahmen, die Eltern und Kindern helfen, den Alltag besser zu bewältigen.

Was macht es diesen Kindern so schwer, sich im Alltag zurechtzufinden? Es sind Dinge wie ihre motorische Unruhe, ihre Konzentrationsstörungen, ihre Vergesslichkeit, ihre Impulsivität und die geringe Einschätzung von Gefahren. Werden Kinder und Eltern nicht therapeutisch begleitet, können Lernstörungen auftreten oder es entwickeln sich weitere psychische Störungen.

Diese Kinder haben aber auch viele positive Eigenschaften. Sie sind oft sehr kreativ, begeisterungsfähig, intelligent und haben ein großes Sprachvermögen. Außerdem können sie besonders mitfühlend, sensibel und hilfsbereit sein und ein ausgeprägtes Gerechtigkeitsempfinden haben. Trotzdem brauchen sie Unterstützung, weil sie mit sehr viel mehr Aufwand lernen müssen, ihr Verhalten zu steuern.

Hier eine kleine »Erste-Hilfe-Anleitung« für den Umgang mit betroffenen Kindern:

→ Sie brauchen einen Wegweiser in ihrem Chaos, deshalb ist ein strukturierter Tagesablauf wichtig.

→ Nicht überfordern, nur kleine Schritte einüben und einen Schritt nach dem anderen.

→ Klare, kurze Anweisungen und nicht zu viel auf einmal. Dabei helfen Blick- und Körperkontakt (den Arm berühren oder die Hand halten) und eine feste Stimme.

→ Keine Reizüberflutung und den Erregungspegel nicht zu hoch schießen lassen. Auch Toben lässt den Pegel hochschnellen.

→ Die Stärken beachten und loben, dabei aber immer ehrlich bleiben. »Hypies« haben sehr feine Antennen für nonverbale Signale.

→ Es bleibt sicher nicht aus, dass man beim Umgang mit diesen Kindern emotional reagiert. Keine Angst, sie sind nicht nachtragend.

→ Da sie viel vergessen, immer wieder erinnern oder Zeichen vereinbaren.

Schulkindern hilft zusätzlich:

→ Ein übersichtlicher Arbeitsplatz – nur die Materialien, die gerade gebraucht werden.

→ Nichts, was ablenken kann – in der Schule möglichst nahe beim Lehrer sitzen lassen.

→ Immer wieder nachfragen, ob die Anweisungen verstanden wurden – und wiederholen lassen.

Kinder mit ADHS brauchen Aufgaben, die sie interessieren und die sie spannend finden. Dann können sie sich auch über längere Zeit konzentrieren.

Auch *Hochbegabte* haben oft einen steinigen Lebensweg vor sich. Sie sind nicht immer auf den ersten Blick zu erkennen. Es sind auch nicht unbedingt die Überflieger in der Schule, die Klassen überspringen oder sich mit vier oder fünf Jahren selbst das Lesen und Schreiben beibringen. Eine Hochbegabung kann sich genauso hinter Träumern, Schulversagern oder hinter Schulabbrechern verstecken. Ein hoher IQ macht nicht unbedingt erfolgreich. Da Menschen mit einer Hochbegabung ihre eigene Denkweise haben, werden sie häufig nicht verstanden. Und sie verstehen uns nicht immer. Oft fühlen sie sich unter Gleichaltrigen unwohl und »unpassend«.

Glücklicherweise ist die Problematik der Hochbegabung inzwischen schon an vielen Schulen bekannt, sodass diese Kinder schneller erkannt werden, eine spezielle Förderung erhalten, Zusatzaufgaben bekommen oder nach Abwägung aller Vor- und Nachteile eine Klasse überspringen. Trotzdem fallen auch hier noch viele Kinder durch das Netz.

Hochbegabung geht teilweise mit hoher Sensibilität einher. Die Psychologin Andrea Brackmann hat das in ihrem Buch »Jenseits der Norm – hochbegabt und hoch sensibel« sehr einfühlsam beschrieben.

Rückblickend bin ich mir ziemlich sicher, dass einige der Kinder in unserer Kindertagesstätte, deren Verhalten wir nicht erklären konnten, nichts anderes als eine Hochbegabung hatten. Gerade die stillen, verträumten oder weinerlichen Kinder werden oftmals übersehen.

Auch bei *autistischen Störungen* gibt es eine breite Palette von Deutungen und Verlaufsformen. Kinder, die in dieses Bild passen, können nur schwer eine Beziehung zu anderen aufbauen. Sie beschäftigen sich lieber mit Gegenständen oder mit Zahlen und Buchstaben. Manchmal führen sie auch immer wieder stereotype Handlungen aus. Und Körper- oder Blickkontakt ist ihnen oft unangenehm.

In den letzten Jahren meiner Berufstätigkeit gab es eine starke Zunahme auffälliger Verhaltensweisen bei Kindern. Oft ist es schwierig, geeignete Beratungsstellen zu finden, und nicht immer sind Eltern bereit, Hilfe in Anspruch zu nehmen. Viele haben Angst, bei der Erziehung versagt zu haben, und wehren sich gegen Einblicke von außen. Wenn sie dann endlich den Schritt wagen, kommt es meist noch zu langen Wartezeiten. Und dann müssen sie auch noch einen Arzt oder Therapeuten finden, dem sie vertrauen, und gerade das ist nicht immer einfach.

Es ist häufig noch so, dass viele es als Makel ansehen, therapeutische Hilfe in Anspruch zu nehmen. Kein Mensch würde auf die Idee kommen, ein Kind mit einer Sehschwäche ohne Brille durchs Leben laufen zu lassen oder körperliche Symptome nicht zu lindern. Dass viel erreicht werden kann, wenn Ärzte, Therapeuten, Eltern und Kinder – und natürlich auch Schulen oder Kindertagesstätten – vertrauensvoll zusammenarbeiten, das habe ich in meiner langjährigen Praxis oft genug erfahren.

Scheidung – und was dann?

Wenn Menschen sich trennen, ist das immer ein schmerzlicher Prozess. Ein sehr schmerzlicher sogar! Am schlimmsten ist es für die Kinder. Und gerade die werden in dem Wechselbad der Gefühle oft vergessen und gehen unter. Unser Verstand sagt uns: Wir sind doch vernünftige Menschen und werden die Sache schon fair regeln. Aber Scheidung ist immer mit starken Gefühlen verbunden: mit Verletzungen, Kränkungen, Missverständnissen. Und unsere Gefühle lassen sich in dieser Situation nicht mehr vom Verstand kontrollieren – es braucht nur einen kleinen Anlass und sie gewinnen die Oberhand.

Das Schlimme ist: Kinder fühlen sich oft schuldig an der Trennung der Eltern, und sie leiden unendlich, auch wenn sie das nicht immer zeigen. Deshalb gibt es nur eine Möglichkeit, um halbwegs heil aus der Sache rauszukommen: *Sich so schnell wie möglich kompetente Unterstützung zu holen. Wenn schon nicht für sich selbst, dann wenigstens für die Kinder.*

Es ist schon seltsam, die meisten Paare, die sich trennen, gehen selbstverständlich zum Anwalt, weil sie keine Fehler machen möchten. Aber Hilfe für die Seele holen sie sich erst, wenn es schon fast zu spät ist!

Sparen mit Spaß, statt Geiz ist geil

Den Menschen in Deutschland wird nachgesagt, auf hohem Niveau zu jammern. Aber stimmt das wirklich? Viele von uns müssen den Gürtel enger schnallen – sei es, weil sie weniger verdienen, arbeitslos sind oder »nur« die Preise steigen. Das bedeutet nicht unbedingt, dass es uns schlecht geht. Doch wer will schon weniger haben, als er einmal hatte? Das Dumme daran ist, egal, wie viel wir zur Verfügung haben, wir gewöhnen uns daran und können schwer wieder zurückstecken.

Wenn wir sparen wollen oder müssen, dann wissen wir oft nicht, wo wir anfangen sollen. Dabei kaufen die meisten Menschen vieles, was sie überhaupt nicht brauchen. In ihrem Buch „Gut ist besser als perfekt" schreibt Doris Märtin:»Über die Hälfte unseres Geldes geben wir somit aus emotionalen Motiven aus, zum Beispiel um uns etwas Gutes zu tun, um Freunde zu beeindrucken, um unser Selbstwertgefühl zu steigern, um mit der Mode zu gehen, um uns von der Masse abzuheben ...«

Hinzu kommt noch, dass wir von der Werbung verführt werden, auch wenn wir selbst glauben, immun dagegen zu sein. Und die Schnäppchenjagd übt ebenfalls einen großen Reiz aus. Wir schlagen selbst dann zu, wenn wir das Angebot gar nicht brauchen. Seit ich das Buch von Doris Märtin gelesen habe, gehe ich sehr viel bewusster einkaufen. Wenn ich etwas sehe, was mir gefällt, frage ich mich: *»Brauche ich das wirklich und wofür brauche ich das?«* Und ich versuche, Spontankäufe zu vermeiden. Am besten hilft es, eine Wunschliste zu schreiben und diese einige Zeit liegen zu lassen. Vieles erledigt sich dann von selbst.

Was billig ist, muss nicht immer schlecht sein, aber Billigware kann uns auch zum Verhängnis werden. Dann, wenn die Qualität nichts taugt oder wir nur kaufen, weil es eben billig ist. Lieber weniger – dafür aber etwas Gutes, ist auch die Devise meiner ehemaligen Kollegin:»Lieber was fürs Leben!« nennt sie es und fährt gut damit.

Zeitmangel verführt uns oft dazu, nicht nur viel Geld auszugeben, sondern uns auch ungesund zu ernähren. Gegen Fertigprodukte wie Pizza und Co. ist grundsätzlich nichts einzuwenden – wenn sie nicht dauernd auf unserem Speiseplan stehen. Aber auch mit frischen Produkten kann man schnell etwas Leckeres zaubern. Ein Topf Pellkartoffeln mit Quark, Sahnehering oder einem Stück Fleisch ist schnell zubereitet. Dazu Salat oder Gemüse. Und am nächsten Tag gibt es vom Rest zum Beispiel eine »Bratkartoffelpfanne«mit frischem Gemüse und Rührei dazu. Das Gleiche gilt für Nudeln oder Reis. Sie sind schnell gekocht und nach eigenem Geschmack individuell verfeinert. Und wer auf Obst und Gemüse der Saison zurückgreift, kann auch hier Geld sparen. Übrigens: Obst ist im Vergleich zu Süßigkeiten nicht nur gesünder, sondern auch wesentlich preiswerter und macht länger satt!

Es wäre schön, wenn es immer mehr Kochkurse für Eltern und Kinder geben würde. Kochkurse mit einfachen und schnellen Gerichten. Schließlich mangelt es und nicht nur an Geld, sondern oft auch an Zeit. Trotzdem: Gesunde Ernährung ist eine wichtige Grundlage für gesundes Leben.

Wenn wir ein bisschen sparsamer mit manchen Dingen umgehen, entlastet das nicht nur unseren Geldbeutel, sondern auch die Umwelt. Autofahrer trifft es immer wieder hart, wenn die Benzinpreise plötzlich in die Höhe schnellen. Aber vieles ist auch hier Gewohnheit und vielleicht lassen sich einige Wege zu Fuß oder mit dem Fahrrad zurücklegen? Damit tun wir dann gleichzeitig wieder etwas für unsere Gesundheit.

Die Sache mit dem Stromsparen hat ebenfalls ihre Tücken. Kennen Sie die Stromfresser in Ihrer Wohnung? Oft lassen wir gedankenlos das Licht brennen oder haben noch nicht auf Sparlampen umgestellt. Vieles ist reine Gewohnheit, ohne darüber nachzudenken. Zum Beispiel mal schnell die Waschmaschine laufen lassen, obwohl sie erst halb voll ist. Und auch das Wasser lassen wir gedankenlos laufen, obwohl wir es abdrehen oder zumindest weniger aufdrehen könnten. Da heißt es: Augen auf und Wasserhahn zu! Wussten Sie übrigens, dass die Toilettenspülungen im Haushalt mit das meiste Wasser verbrauchen? Wenn Strom- und Wasserpreise ständig steigen und wenn die Ressourcen immer knapper werden, dann lohnt es sich schon, die Preise zu erfragen und auf Spurensuche zu gehen.

Das Thema Heizen ist wieder ein Kapitel für sich. Weil hier die Kosten sehr hoch sind, versuchen viele rigoros, die Heizung zu drosseln, wissen aber nicht, dass es oftmals mehr Geld kostet, wenn die Räume zu stark auskühlen. Das Aufheizen verbraucht dann unter Umständen wesentlich mehr Energie. Und auch die Wärmeabstrahlung von den Wänden spielt eine Rolle. Sind sie zu stark abgekühlt, empfinden wir die Raumtemperatur nicht mehr als angenehm, selbst wenn diese relativ hoch ist. Am besten ist es, sich bei anstehenden Fragen kompetente Hilfe zu holen. Verbraucherzentralen sind dafür gute Ansprechpartner.

Wenn wir mit Spaß sparen, gelingt uns das viel besser, als wenn wir es verbissen tun. Dazu gehört dann aber auch, die ganze Familie mit einzubeziehen. Und ohne Plan geht es nicht. Schließlich müssen wir uns erst einmal im Klaren darüber sein, wo wir sparen wollen, was wir entbehren können und worauf wir auf gar keinen Fall verzichten möchten.

Vielleicht wird sogar ein Spiel daraus: Prämien für die besten Sparideen und ihre Umsetzung. Viel Spaß dabei!

Was Kinder fit macht

Das brauchen Kinder

1. Schlaf: *Nur wenn unser Gehirn ausgeruht ist, kann es lernen und Neues aufnehmen.* Wenn wir schlafen, verarbeitet das Gehirn, was wir erlebt haben, und speichert es ab. Wer zu wenig schläft, neigt außerdem dazu, dick zu werden. Im Schlaf schüttet unser Körper ein Hormon aus, das die Verbrennung von Kalorien anregt.

2. Ernährung: Auch Kinder haben unterschiedliche Vorlieben und essen nicht alles gern. Deshalb gilt: *Gesunde Lebensmittel anbieten, aber nicht zum Essen zwingen. Essen soll genussvoll sein.* Süßes nur in Maßen, es kann süchtig machen. Stattdessen viel Obst, Gemüse, Rohkost, Salat. Je mehr angeboten wird, desto größer ist die Chance, dass Kinder sich das holen, was ihnen schmeckt. Wichtig sind auch Milch oder Milchprodukte – wenn sie vertragen werden.

3. Trinken: Kinder brauchen mehr Flüssigkeit als Erwachsene. Deshalb immer wieder Getränke hinstellen, *am besten Wasser, wenig gesüßten Tee oder Saftschorle.* Auch in die Schule genügend Getränke mitgeben.

4. Bewegung: Bewegung trainiert nicht nur die Muskeln und die Geschicklichkeit. Auch im Gehirn entstehen dadurch mehr Verbindungen zwischen den Nervenzellen. *Bewegung ist also nicht nur für unsere Gesundheit gut – wer sich bewegt, kann auch besser lernen.* Am besten ist noch immer die Bewegung draußen im Freien. Das gilt natürlich auch für die Erwachsenen.

5. Zeit: Kinder brauchen viel Zeit zum Lernen. Sie probieren Dinge immer wieder aus und üben dabei so lange, bis sie etwas können. Außerdem haben Kinder noch ein völlig anderes Zeitgefühl. Darauf müssen wir uns als Erwachsene einstellen. *Nehmen Sie sich Zeit für Ihr Kind, lassen Sie ihm die Zeit, die es braucht.* Und wenn Sie es selbst eilig haben, dann planen Sie entsprechend mehr Zeit ein.

6. Regeln und Rituale: Sie geben Kindern Sicherheit und Orientierung. Ein schönes Ritual ist es beispielsweise, jeden Abend etwas vorzulesen oder über den vergangenen Tag zu reden. Überdenken Sie Ihre Regeln immer wieder und passen Sie sie dem Alter des Kindes und der Situation in der Familie an. Deshalb öfter mal fragen: *Welchen Sinn macht diese Regel?*

7. Zuwendung: Kinder brauchen Zuwendung, Zärtlichkeit und jemanden, der ihnen zuhört. Sonst verdurstet ihre Seele wie eine Blume ohne Wasser. Es kommt nicht darauf an, wie viel Zeit Sie mit dem Kind verbringen – *aber in dieser Zeit sollten Sie ganz für Ihr Kind da sein.*

Spielregeln – damit Erziehung gelingt

→ *Vorbild sein und Orientierung geben*

Eltern sind das Modell, an dem Kinder lernen. Leben Sie das Verhalten vor, das Sie sich von Ihrem Kind wünschen. Kinder lernen unbewusst durch Nachahmung. Das Verhalten der Bezugspersonen prägt Ihr Kind nachhaltiger als Sie denken.

→ *Liebe zeigen durch Zuwendung und Zärtlichkeit*

Zuneigung schenken, zuhören, Interesse zeigen für das, was das Kind tut. Aus Liebe auch mal Nein sagen. Es bekommt Kindern nicht, wenn wir alle ihre Wünsche erfüllen. Aber stehen Sie zu Ihrem Kind, auch wenn es etwas falsch gemacht hat.

→ *Humor und Gelassenheit trainieren*

Die Welt geht nicht unter, wenn Sie oder Ihr Kind Fehler machen. Probleme gehören zum Leben. Nehmen Sie Abstand und überlegen Sie in Ruhe, wie Sie eine Lösung finden.

→ *Ehrlich sein, auch zu sich selbst*

Wir können Kindern nichts vormachen, Kinder sind noch sehr empfänglich für die Übertragung von Gefühlen und für die Signale der Körpersprache. Sagen Sie klar, wenn Sie etwas ärgert oder wenn Sie Sorgen haben. Aber sagen Sie es in der Ich-Form, ohne zu verletzen oder Ihr Kind zu überfordern.

→   *Empathisch sein, zuhören, Gefühle achten*

Nehmen Sie Ihr Kind ernst, respektieren Sie seine Gefühle und Wünsche und versuchen Sie nicht, ihm etwas einzureden. Aber sagen Sie auch klar und liebevoll, was Sie von ihm erwarten.

→   ***Ermutigen und unterstützen, aber selbst tun lassen***

Lassen Sie Ihr Kind viel selbst tun und ausprobieren, auch wenn etwas nicht gleich klappt. Nur so kann es lernen und Selbstvertrauen aufbauen.

→   ***Richtig loben***

Konkret sagen, was gefällt, was das Kind gut gemacht hat. So lernt es, sich selbst einzuschätzen. Genauso konkret muss Kritik sein. Sie darf nicht verletzen, muss das Verhalten ansprechen und nicht das Kind beschämen.

→   *Kommunikation: kurz, klar, konkret*

Je jünger Kinder sind, umso kürzer und klarer wollen sie angesprochen werden. Bei einem Redeschwall machen sie dicht. Sie verstehen noch keine Ironie und achten mehr auf die Stimmlage und die Körpersprache als auf den Inhalt.

→   *Konflikte fair austragen, Machtkämpfe vermeiden*

Kinder haben das Recht, zu widersprechen, und das Recht auf eine eigene Meinung. Wir müssen uns der Auseinandersetzung stellen, dabei aber fair miteinander umgehen.

→   *Verantwortung zumuten*

Übertragen Sie Ihrem Kind dort Verantwortung, wo es sie tragen kann. Fördern und fordern ja, aber nicht überfordern.

→   *Freiräume gewähren*

Sicherheit ist wichtig – überängstlich sein, kann schaden. Fragen Sie sich immer wieder: Kann ich meinem Kind das zutrauen?

→   *Regeln und Rituale*

Regeln greifen nicht, wenn sie einseitig verordnet werden. Regeln müssen besprochen und dem Alter des Kindes und der Familiensituation angepasst werden. Es muss feststehen, welchen Sinn eine Regel hat und welche Einstellung dahinter steht. Überdenken und hinterfragen Sie Ihre Regeln immer wieder – am besten gemeinsam mit dem Partner oder mit älteren Kindern.

Nachwort – wir sind doch alle nur Menschen

Immer wieder höre ich von Eltern: »Was haben wir nur falsch gemacht?« Sie fragen sich, warum gerade ihr Nachwuchs die Schule abgebrochen hat, in die Drogenszene abgerutscht oder unfähig ist, das Leben zu bewältigen.

Doch das Leben ist zu komplex – wir können nicht alles erklären. Es gibt unzählige Faktoren, die den Lebensweg eines Menschen beeinflussen. Nicht alles liegt in unserer Hand. Wir können nur versuchen, für unsere Kinder ein gutes Fundament zu schaffen. Leben müssen und dürfen sie ihr Leben selbst: nach ihren Maßstäben und Vorstellungen!

Und selbst wenn wir wissen, dass etwas nicht gut gelaufen ist – wir sind schließlich keine Maschinen, sondern Menschen. Und Menschen können noch so klug und noch so kompetent sein, sie machen Fehler und werden immer Fehler machen. Deshalb dürfen wir zu unseren Fehlern stehen und brauchen uns nicht zu verstecken. Stellen Sie sich vor den Spiegel und sagen Sie laut und deutlich: »Ja, und?«, wenn etwas nicht so gelaufen ist, wie Sie es sich vorgestellt haben. Dann werden Sie sich auch trauen, diese Frage anderen Menschen zu stellen. Dass wir versuchen, unsere Fehler wiedergutzumachen – soweit dies möglich ist – steht auf einem ganz anderen Blatt.

In unserer Familie gibt es so etwas wie »Familiensprüche«, die uns helfen, humorvoller und gelassener mit Situationen umzugehen: »*Denk dran, anderen gehts genauso!*« wurde in der Zeit geprägt, als unser Sohn in die Oberschule wechselte. »*Und, hat's geschadet?*« macht im Rückblick deutlich, dass manches, was erst negativ erscheint, auch positive Seiten haben kann. Den dritten Spruch hat unser netter Müllmann kreiert, den ich hier auch zu Wort kommen lassen möchte: »*Wir sind doch alle nur Menschen!*« Weise Worte, die wir uns öfter mal zu Herzen nehmen sollten! In diesem Sinne wünsche ich Ihnen ein menschliches und fröhliches Miteinander und ein gutes Leben!

Dank, der von Herzen kommt

Unser ganzes Leben lang beeinflussen uns Menschen, ob wir es wollen oder nicht. Den stärksten Einfluss aber haben unsere Vorbilder. Vieles prägt uns unbewusst, und wir merken es oft erst sehr viel später im Leben. Deshalb bin ich meinem Vater und meiner Mutter dankbar, dass ich in einem guten Elternhaus aufwachsen durfte. Meine Mutter hat mir vieles mit auf den Weg gegeben, das mir heute erst bewusst ist: Zuversicht, Aufrichtigkeit, Toleranz und die Liebe zu den Menschen.

Auch von meiner Lieblings-Chefin, Pfarrerin Lona Kutzer-Laurien, durfte ich viel lernen. Ihr geduldiger Umgang mit Kindern und Erwachsenen, ihre Empathie und ihre Predigten, die bei den Menschen ankommen, zeigen mir, wie es sein könnte und sein sollte.

In den Seminaren bei Nikolaus Enkelmann in Königstein ist dann die Idee für dieses Buch entstanden. Das, was er mir mitgegeben hat – mir das Leben leichter zu machen, meine Wünsche und Fähigkeiten zu erkennen und mit mir und anderen besser umzugehen – das möchte ich nicht für mich behalten, sondern auch andere davon profitieren lassen. Seine Tochter, Dr. Claudia Enkelmann, hat mich in ihren Seminaren ermutigt und motiviert, meinen Zielen treu zu bleiben. Und das auf eine einzigartige und humorvolle Weise.

Dieses Buch würde es nicht geben, wenn mich meine Familie nicht unterstützt hätte. Mein Mann hat mir den Rücken gestärkt, und in den Diskussionen mit ihm habe ich gelernt, manches aus einer anderer Perspektive wahrzunehmen. Auch unser inzwischen erwachsener Sohn hat einen großen Teil zu diesem Buch beigetragen. Nicht nur, dass er mich in die Computerwelt eingeführt und meine Internetseite gestaltet hat, er steht mir auch heute noch mit Rat und Tat zur Seite.

Allen ein herzliches DANKE! Ebenso allen Menschen, die mich bis heute ein Stück auf meinem Lebensweg begleitet haben. Dazu gehören vor allem die vielen Eltern und Kinder, ohne die dieses Buch erst gar nicht entstanden wäre.

Gerda Hoffmann

Merksätze und Fragen, die das Leben leichter machen

1. Kinder brauchen Führung und Orientierung!
2. Verschenken Sie öfter ein Lächeln – es kostet nichts und ist trotzdem kostbar!
3. Kinder lernen am meisten, wenn sie selbst etwas tun.
4. Was lernt mein Kind aus meinem Verhalten für die Zukunft?
5. Wofür bin ich in meinem Leben dankbar?
6. Ein vertrauensvoller Umgang miteinander ist die beste Basis für Ehrlichkeit.
7. Mit Humor lebt es sich leichter!
8. Es gibt immer mehrere Möglichkeiten, ein Problem zu lösen.
9. Gemeinsam nach Lösungen zu suchen zeigt Kindern, dass wir sie respektieren.
10. Erwischen Sie Ihr Kind, wenn es etwas gut gemacht hat, und zeigen Sie ihm dann Ihre Anerkennung!
11. Freiheit hört dort auf, wo ich mir oder anderen schade!
12. Nehmen Sie Ihre Gefühle und die Gefühle Ihres Kindes ernst!
13. Ein Kind, das langsam lernt, braucht nicht mehr Druck, sondern mehr Zeit.
14. Nein sagen ist erlaubt!
15. Ordnung ist das halbe Leben – aber vergessen Sie nicht die andere Hälfte.
16. Kinder brauchen optimistische Menschen, die Vertrauen haben, Kinder ermutigen und Herausforderungen meistern.
17. Lassen Sie Ihr Kind an Ihrem Alltag teilhaben, beziehen Sie es mit ein, trauen Sie ihm etwas zu und reden Sie miteinander.
18. Wer Kinder respektiert, kann auch Respekt einfordern.
19. Fragen Sie sich immer wieder: »Wem hilft diese Regel und ist sie noch sinnvoll?«
20. Was braucht mein Kind gerade, was tut ihm gut, wie reagiere ich verständnisvoll auf sein Verhalten?
21. Die Kinder im Auge behalten, auf ihre Sicherheit achten, ihnen aber nicht alles abnehmen!
22. Wenn es um die Gesundheit und die Sicherheit der Kinder geht, müssen Eltern Stoppschilder aufstellen.

23. Unsere Körpersprache und unsere Stimme sagen mehr als tausend Worte.
24. Was uns Spaß macht, tun wir immer wieder. Wer Spaß hat, lernt leichter, schneller und nachhaltiger.
25. Gönnen Sie sich Auszeiten und tanken Sie neue Energie!
26. Die stärkste Wirkung hat immer noch das Vorbild. Was uns Tag für Tag vorgelebt wird, prägt sich tief in unser Unterbewusstsein ein.
27. Freuen Sie sich, wenn Ihr Kind motiviert ist – egal ob es Fußball spielt, ein Instrument lernt oder von der Natur fasziniert ist.
28. Bedauern bedeutet, problemorientiert zu handeln – trösten bedeutet, eine Lösung zu finden.
29. Wir lernen in jeder Sekunde unseres Lebens – auch, wenn uns das nicht bewusst ist!
30. Alles, was mit einem positiven Gefühl verbunden ist, wird leichter und schneller in unserem Gehirn gespeichert und nicht so schnell vergessen.
31. Bei der Kindererziehung kann man nur Zeit gewinnen, wenn man Zeit investiert!
32. Durch Zuwendung und Zärtlichkeit können wir Kinder beruhigen und entspannen, Ängste abbauen und die Beziehung festigen.
33. Wenn wir etwas in dieser Welt verändern wollen, müssen wir bei uns selbst anfangen!

Suchen Sie sich den Merksatz heraus, der für Sie im Moment am wichtigsten ist! Schreiben Sie ihn auf und hängen ihn mindestens eine Woche an gut sichtbarer Stelle auf. So werden Sie immer wieder daran erinnert, bis Sie ihn verinnerlicht haben. Erst dann suchen Sie den nächsten und verfahren genauso. Beobachten Sie, ob sich dadurch in Ihrer Umgebung oder in Ihrem Denken etwas verändert. *Ich wünsche Ihnen viel Erfolg!*

Links, die Ihnen weiterhelfen

www. ein-leben-beginnt.de
> eine DVD über die Entwicklung von Kindern in den ersten zwei Lebensjahren. Was Kinder brauchen und wie Eltern ihre Signale besser verstehen können.

www. elternnetz.de
> ein übersichtliches und leicht verständliches Angebot zu Fragen rund um Familie und Entwicklung.

www. familienhandbuch.de
> hier finden Sie alles zum Thema Erziehung.

www. das-sichere-kind.de
> ein Ratgeber zur Kindersicherheit.

www. schau-hin.info
> Medienerziehung und Internetnutzung:
> Eine Brücke zwischen Eltern und Kindern.

www. win-future.de
> ein Bildungsnetzwerk mit vielen Angeboten für Eltern, Erzieher und Lehrer.

www. bke-beratung.de
> Bundeskonferenz für Erziehungsberatung: kostenlos und anonym. Auch Kinder und Jugendliche können sich hier beraten lassen.

www. enkelmann.de
> wenn Sie etwas für sich selbst tun möchten:
> Bücher, Mentaltraining, Seminare ...

www. elternimpulse.de
> Schreiben Sie mir Ihre Meinung.
> Ich freue mich über Ihre Anregungen oder Fragen!

Literatur – für Sie gelesen

Romane und Erzählungen

Brüggemann, Axel
>»Charlotte – die schönsten Geschichten aus der Hörzu« –
>Ehrenwirth 2004

Ende, Michael
>»Momo – die seltsame Geschichte von den Zeitdieben« –
>Goldmann 2002

Heilmann, Klaus
>»Kikis geheimer Kinderratgeber« – Knaur 2010

Lowry, Lois
>»Hüter der Erinnerung« – 2. Aufl., Loewe 1995

Saint-Exupéry, Antoine de
>»Der kleine Prinz« – 55. Aufl., Karl Rauch Verlag 2000

Shriver, Lionel
>»Wir müssen über Kevin reden« – 2. Aufl., List 2006

Sachbücher

Bauer, Joachim
>»Warum ich fühle, was Du fühlst« –
>5. Aufl., Hoffmann u. Campe 2005

Bauer, Joachim
>»Das kooperative Gen« – Hoffmann und Campe 2008

Bauer, Joachim
>»Lob der Schule« – Heyne 2008

Billhardt, Jutta
>»Hochbegabte – die verkannte Minderheit« – Lexika 1996

Blanchard, Kennet und Johnson, Spencer
>»Der Minutenmanager« – rororo 1996

Bock, Petra
>»Die Kunst, seine Berufung zu finden« – Scherz 2005

Böhm, Winfried
»Geschichte der Pädagogik« – 2. Aufl., Beck 2007
Brackmann, Andrea
»Jenseits der Norm – hochbegabt und hoch sensibel« –
4. Aufl., Klett Cotta 2007
Braun, Gisela und Wolters, Dorothea
»Das große und das kleine Nein« – Verlag An der Ruhr 1997
Brosche, Heidemarie
»Warum es nicht so schlimm ist, in der Schule schlecht zu sein« –
Kösel 2008
Brisch, Karl Heinz und Hellbrügge, Theodor
»Wege zu sicheren Bindungen in Familie und Gesellschaft« –
Klett Cotta 2009
Bucher, Anton
»Was Kinder glücklich macht« – Ariston 2008
Dreikurs, Rudolf
»Kinder fordern uns heraus« – Klett 1975
Enkelmann, Claudia
»Mit Liebe, Lust und Leidenschaft zum Erfolg« – Walhalla 2002
Enkelmann, Claudia
»Die Venusstrategie« – Ueberreuter 2001
Enkelmann, Claudia
»Warum Frauen wirklich besser sind ...« – Redline 2002
Enkelmann, Nikolaus
»Erfolg ist so einfach« – GABAL 2003
Enkelmann, Nikolaus
»Power für die Jugend« – 2. Aufl., mvg 2000
Enkelmann, Nikolaus
»Führen muss man einfach können« – Redline 2005
Enkelmann, Nikolaus
»Mentaltraining« – GABAL 2001
Enkelmann, Nikolaus
»Das Powerbuch für mehr Erfolg« – mvg 2001
Enkelmann, Nikolaus
»Erfolgsprinzipien der Optimisten« – GABAL 1997
Enkelmann, Nikolaus und Claudia
»Namepower« – GABAL 2005

Enkelmann, Nikolaus und Rückerl, Thomas
>>Die Macht des Vertrauens<< – Junfermann 2004

Galvez, Cristian
>>Du bist, was du zeigst<< – Knaur 2007

Gebauer, Karl
>>Klug wird niemand von allein<< – Patmos 2007

Grefe, Christiane
>>Ende der Spielzeit<< – Rowohlt 1995

Häusel, Hans-Georg
>>Think Limbic! Die Macht des Unterbewussten verstehen<< – Haufe 2000

Hüther, Gerald
>>Die Macht der inneren Bilder<< – Vandenhoeck u. Ruprecht 2008

Hüther, Gerald
>>Bedienungsanleitung für ein menschliches Gehirn<< – 8. Aufl., Vandenhoeck u. Ruprecht 2009

Hüther, Gerald
>>Biologie der Angst<< – 8. Aufl., Vandenhoeck u. Ruprecht 2007

Hüther, Gerald
>>Evolution der Liebe<< – 5. Aufl., Vandenhoeck u. Ruprecht 2007

Hurrelmann, Klaus und Unverzagt, Gerlinde
>>Kinder stark machen für das Leben<< – 7. Aufl., Herder 2000

Juul, Jesper
>>Nein aus Liebe<< – Kösel 2006

Knigge, Moritz Freiherr
>>Spielregeln – Wie wir miteinander umgehen sollten<< – Lübbe 2006

Lambeck, Martin
>>Irrt die Physik?<< – Beck 2005

Largo, Remo
>>Kinderjahre<< – Ueberreuter 2002

Märtin, Doris
>>Gut ist besser als perfekt<< – dtv 2008

Molcho, Samy
>>Körpersprache der Kinder<< – Hugendubel 2005

Molcho, Samy
>>Körpersprache<< – Mosaik 1995

Neuhaus, Cordula
>>Das hyperaktive Kind und seine Probleme<< – Ravensburger 1998
Oswald, Paul
>>Grundgedanken der Montessori-Pädagogik<< –
4. Aufl., Herder 1975
Roberts, Monty
>>Das Wissen der Pferde<< – Lübbe 2000
Schüller, Heidi
>>Wir Zukunftsdiebe<< – Rowohlt 1997
Seiwert, Lothar
>>Wenn du es eilig hast, gehe langsam<< – 2. Aufl., Campus 1998
Seligmann, Martin
>>Der Glücksfaktor<< – Lübbe 2005
Sheldrake, Rupert
>>Der siebte Sinn der Tiere<< – 6. Aufl., Scherz 2001
Spitzer, Manfred
>>Lernen<< – Spektrum 2003
Unger, Hans Peter und Kleinschmidt, Carola
>>Bevor der Job krank macht<< – Kösel 2006
Voos, Dunja
>>Kleine Kinder richtig verstehen<< – Humboldt 2009
Wise, Anna
>>Power Mind Training<< – Junfermann 1998